教育部人文社科项目青年基金"基于话题衍生性的网络舆情引导
(GrantNo. 19YJC630222)

信息演化规律与策略研究

张　益　著

科学出版社

北　京

内 容 简 介

本书从不同的角度研究了谣言传播的规律，并探讨了谣言传播的控制策略。针对谣言传播中引发谣言的事件的特性、个体对谣言的认知建立了谣言传播模型；为了研究官方辟谣策略，建立了官方信息和谣言竞争模型。同时，分析了各因素影响下谣言传播的规律，考虑了谣言传播过程中各因素的动态性和模糊性；并做了相应的理论分析、仿真分析和案例应用研究，证明了模型的合理性和有效性。本书研究中所提的模型和所得结论进一步丰富了谣言传播理论，同时也为谣言传播研究提供了新的研究视角，对谣言传播的研究起了积极的推动作用。

· 本书适合政府工作人员（尤其是行政管理部门的政策制定者和研究人员），企业管理人员，高等院校、科研机构从事信息传播研究人员以及技术开发和管理人员，相关专业高等院校教师和学生阅读参考。

图书在版编目(CIP)数据

信息演化规律与策略研究 / 张益著. —北京: 科学出版社, 2020.08
ISBN 978-7-03-064031-4

Ⅰ.①信… Ⅱ.①张… Ⅲ.①信息传递-研究 Ⅳ.①G206

中国版本图书馆 CIP 数据核字 (2019) 第 301188 号

责任编辑：莫永国 / 责任校对：彭 映
责任印制：罗 科 / 封面设计：墨创文化

科学出版社出版

北京东黄城根北街16号
邮政编码：100717
http://www.sciencep.com

四川煤田地质制图印刷厂印刷
科学出版社发行 各地新华书店经销

*

2020 年 8 月第 一 版 开本：787×1092 1/16
2020 年 8 月第一次印刷 印张：8 3/4
字数：250 000

定价：99.00 元
(如有印装质量问题,我社负责调换)

前　　言

　　谣言的传播不仅给人们的生活带来严重的影响，而且给社会带来极大的危害。从日本大地震核泄漏事件中谣言所引发的抢盐事件，到"7·23 甬温线特别重大铁路交通事故"中谣言引发的公众对政府公信力的质疑，无不表明谣言的广泛传播会严重影响人们的生活，甚至会引发群体性行为而产生极其恶劣的影响。随着互联网及新兴社交媒体的普及，人们越来越多地使用在线社交媒体参与消息的接收和发布，在给人们提供了很大的便利的同时，也为谣言的滋生和传播提供了更广阔的平台。在传统的传播环境中，当缺乏来自正式渠道的信息的时候，有的人便会通过制造谣言来填补信息的空白，然后再通过口耳相传传播开来。而在在线网络传播的环境下，人们随时可以通过移动网络接收或传播信息，这为谣言的泛滥提供了可乘之机。在公共事件不断爆发，新兴媒体不断发展的时代，谣言的快速传播甚至会影响社会政治经济的稳定。

　　本书系统地分析和研究谣言产生和传播的原因，探究谣言传播的规律和特点，建立模型预测谣言传播的趋势，并分析辟谣的策略，为政府相关部门控制谣言提供一定的理论支撑和决策依据。本书在系统梳理和借鉴已有研究的基础上，综合运用社会学、心理学、管理科学、生物数学和复杂网络等理论知识，针对谣言传播的特点，从个体对谣言的认知、引发谣言事件的特征以及政府层面官方发布信息对谣言传播的影响等不同方面，系统地分析研究了个体对谣言的认知特点、谣言传播规律、官方信息和谣言传播的相互作用关系，以及谣言传播的防控策略，从而为管理部门控制谣言传播提供分析预警和决策理论支撑。

　　目前关于谣言的定性研究和定量研究基本是相互独立的，在这种情况下，本书结合社会学中谣言传播研究的成果，采用数学模型来研究谣言的传播与扩散问题，从不同侧面建立了三个谣言传播模型，并在此基础上建立官方辟谣模型。第 1 章为绪论，介绍研究背景、研究现状和研究框架；第 2 章为理论基础，概述了谣言的定义、基本的疾病传播模型、基本的谣言传播模型。本书主体内容为第 3 章至第 6 章，第 7 章是结论部分。以下分别概述第 3 章至第 6 章的内容。

　　第 3 章研究了记忆累积效应对谣言传播的影响。当个体多次听到谣言后，便会对谣言有一个累积印象，可能会从根本不相信谣言变为相信谣言，这就是记忆的累积效应。随着时间的变化，个体变为一个传播者的概率就会越来越大，最后到达一个稳定值。目前在谣言传播模型中考虑记忆机制时，通常把反映记忆机制的参数设定为常数，这显然是不合理的。因此，本书引入了潜伏者这一新的群体来反映记忆的累积效应，并建立了刻画记忆累积效应的函数，同时该函数也能表示潜伏者变为谣言传播者的概率。将函数引入一般的微分方程模型得到了反映记忆累积效应的变参数谣言传播模型，现有的考虑记忆机制的模型即为所建的模型的一种特殊情况，并对模型进行了理论分析和仿真分析。比较和分析了变参数模型和一般的常参数模型的结果，结果显示函数的加入使得谣言传播得更快更广了，以及在谣言快速达到峰值的情况下，谣言影响的人更多。在此基础上，第3章探讨了平均度对谣言传播的影响，发现当平均度较小的时候，其变化对谣言传播影响较大，而平均度较大时影响很小或者基本没有影响。通过分析传播的规律，对应提出了控制谣言传播的建议与策略。

第4章研究了引发谣言的事件的模糊性对谣言传播的影响。当人们处于一种极端模糊的环境中时，会感到非常的焦虑和不适，为了缓解这种情绪，往往会有人去揣测或者编造一些信息来解释当前模糊情境，谣言便随之诞生了。当模糊性趋向零时，即事件非常清晰的时候，谣言也就不会产生了。根据事件的模糊性对谣言传播的影响机制分析，第4章建立了描述事件模糊程度和事件的清晰速度的函数。该函数不仅能够反映事件的模糊程度，还可以表示不知者变为传播者的概率，将此函数引入经典的疾病传播模型 SIR 模型中，建立了反映事件模糊性的谣言传播模型。本书通过仿真分析了事件的清晰速度对谣言传播的影响，得出事件如果很快就变清晰，谣言传播的影响力很小；相反，如果事件很久都没有变清晰，谣言的影响力就很大。最后，第4章搜集"马航 MH370 失联"事件相关谣言的新浪微博数据，通过数据拟合确定模型的参数，应用模型分析"马航 MH370 失联"事件中谣言传播的现象。从模型模拟结果可以看到事件的模糊性对谣言传播起了推动的作用；同时可以看出，谣言传播的早期是控制谣言的关键时期。

第5章研究了谣言在传播过程中的影响因素，考虑了事件的重要性、事件的模糊性和公众的批判意识对谣言传播的影响。由于谣言传播的过程是一个复杂的模糊的过程，所以确定三个影响因素的精确值很困难。建立了评判三个影响因素的语言集转化为模糊数的标准，引入三角模糊数来描述三个因素。为了考虑三个因素对谣言传播的综合影响力，定义了传播能力函数，此函数是事件重要性、事件模糊性和公众批判意识的函数，由此建立带模糊数的谣言传播模型。应用模型对现实生活中的三种特殊情况进行分析，分别是事件的重要程度很低、事件的模糊程度很低和公众的批判意识很强三种情况，仿真结果表明，无论其他两个因素怎么变化，在这三种情况下谣言都不会传播。最后通过搜集 "7·23 甬温线特别重大铁路交通事故"中谣言的相关数据，验证了模型的有效性；并就模型的仿真分析和案例分析结果提出了控制谣言传播的一些新的建议和策略。

第6章研究了官方信息与谣言竞争传播的辟谣问题。为了避免造成社会经济的损失，政府管理者会对谣言采取必要的控制措施，而最常用的控制手段是通过官方媒体发布信息进行辟谣。政府辟谣是否成功关键是官方信息和谣言在传播过程中的相互作用机制，结合前面的研究结果，分析了影响官方信息辟谣是否成功的因素，由此建立了官方信息和谣言传播的竞争模型。通过仿真分析了辟谣成功和辟谣不成功两种类型。受到官方信息发布频率和公信力的影响，当谣言的吸引力大于官方信息的吸引力的时候，仿真结果是官方信息发布是不能控制谣言的传播的；当官方信息的吸引力大于等于谣言的吸引力的时候，这时官方有可能控制谣言的传播，但是否成功要看参数的大小。通过分析发现官方发布信息的初始时间对控制谣言起了非常关键的作用。如果官方信息比谣言发布时间早，谣言基本不会产生；如果官方信息和谣言同时发布，官方信息在传播中仍然占优势；如果官方信息比谣言发布晚，控制谣言就要看模型中参数的大小。第6章着重分析了现实情况中发生得比较多的情况，即官方信息比谣言发布晚的情况。总的来说，政府在应对谣言的时候，

+反应速度是控制谣言的一个重要因素。最后根据分析结果,本章提出政府管理部门辟谣时要增加官方信息发布频率、加强公信力和谣言传播预警机制的建设。

综上所述,本书从不同的角度研究了谣言传播的规律,并探讨了谣言传播的控制策略。针对谣言传播中引发谣言的事件的特性、个体对谣言的认知建立了谣言传播模型;为了研究官方辟谣策略,建立了官方信息和谣言竞争模型。文中分析了各因素影响下谣言传播的规律,考虑了谣言传播过程中各因素的动态性和模糊性,并做了相应的理论分析、仿真分析和案例应用研究,证明了模型的合理性和有效性。本书研究中所提的模型和所得结论进一步丰富了谣言传播理论,同时也为谣言传播研究提供了新的研究视角,对谣言传播的研究起了积极的推动作用。

2020 年 7 月

目　　录

第1章 绪 论

谣言几乎是与人类历史同时产生的一种复杂的社会现象。可以说,语言诞生之日,谣言便存在了。谣言是伴随着社会意识形态产生的舆论(Galam, 2003),但这种舆论在很多时候起到了巨大的破坏作用,引起社会的恐慌和不稳定(Kosfeld, 2005;Kimmel, 2004)。在第二次世界大战时期,各国的新闻管制导致很多消息不能发布,因为缺乏信息,谣言随之产生了,谣言在那时常常作为一种战争的手段,破坏敌方的战斗意志和对方的社会稳定性。突发事件发生后,往往伴随着大量谣言的产生,谣言会引起人们的恐慌和不安,造成混乱的境况,严重地破坏了人们的生产生活。特别是互联网产生以来,各种突发事件爆发的时候,谣言大量快速地传播,扩大了谣言的影响力,加剧了人们的不安和社会的不稳定,使得谣言更加难于管控。因此,网络谣言的生成、危害、控制与管理等问题引起了政府管理部门、媒体界和新闻传播研究者的高度关注。

2013 年是我国政府对于维护网络安全、治理网络谣言给予最多关注的一年,也是惩治力度最大的一年。在 2013 年最高人民法院、最高人民检察院颁布了《关于办理利用信息网络实施诽谤等刑事案件适用法律若干问题的解释》来弥补 2000 年通过的《关于维护互联网安全的决定》的不足,对打击网络谣言传播起了重要作用。面对网络谣言带来的巨大的危害性,如何控制网络谣言的产生和传播、如何制定有效的监管机制已成为我国政府必须要解决的现实课题。结合谣言传播的特点分析谣言的传播规律,从而可以得出控制谣言的策略。因此,掌握谣言的传播规律和如何抑制谣言传播是谣言传播研究中的核心问题。

1.1 研 究 背 景

进入 21 世纪以来,随着社会经济的发展和科技的进步,各种突发事件时有发生。回顾 2000 年到现在,一些重大的事件让人们难以忘记。2003 年非典的出现和蔓延,2004年印度洋的地震海啸,2005 年发生的松花江水污染事件,2008 年发生的汶川大地震,2009年甲型 H1N1 流感席卷全球,以及 2011 年 "7·23 甬温线特别重大铁路交通事故",2013年 "马航 MH370 失联" 事件,以及 "昆明火车站暴恐事件",2015 年天津港爆炸事件等突发事件,涵盖了自然灾害、事故灾难、公共卫生和社会安全等各种类型突发事件。突发事件往往容易诱发谣言,因为事件发生很突然,危害性高,通常与人们的生活和切身利益息息相关,所以与事件相关的谣言非常容易引起人们的兴趣。这一点是突发事件发展过程中的一个共同点。2003 年非典期间,民间谣传板蓝根、醋可以预防非典,致使人们涌向各大超市抢购该类商品,一些商贩趁机哄抬价格,造成了人们的恐慌和影响了社会经济的正常发展。2011 年日本发生 9.0 地震后致使核电站发生爆炸并出现核泄漏，由于外界谣传服用碘盐可以抵抗核辐射，引发许多地方的人们大量抢购碘盐。这使得平常每包一元左右的食盐价格上涨了十几倍。"7·23 甬温线特别重大铁路交通事故"期间，谣传动车程序出现 Bug[①]，两个无证程序员被捕，并在网上配有图片和视频，人们不断地点击转载，使得信息在网上疯传，导致公众对高铁技术和管理产生质疑和不信任。这些谣言造成了社会的恐慌，使得线上产生群体观点极化的现象，线下引发群体性行为，对生命、财产等造成的损失远远超出了社会组织和自然资源所能承受的能力（Bordia，1996；Bordia and Rosnow，1998）。

互联网的飞速发展使得中国的网民数量不断激增。2015 年 1 月中国互联网络信息中心发布的《中国互联网络发展状况统计报告》显示中国网民数量已达6.88 亿，互联网的普及率达到50.3%，比起2014 年提升了 2.4 个百分点；手机网民人数达 6.2 亿，占网民中的90.1%，比2014年增长 6303 万人。目前，我国互联网使用的数量仍呈增长的趋势。随着移动信息技术的发展，与传统的电脑上网相比，手机上网似乎有着更为迅猛的发展趋势。特别是近来 3G、4G 网络的出现，更加促进了人们迈向移动互联时代的步伐。无论是在实际生活中，还是在虚拟的网络平台中，谣言传播是一种不可忽视的传播现象。根据 2013 年《新媒体蓝皮书》统计，在 2012 年，平均每天有 1/8 条谣言被媒体报道，平均每条谣言有 7/8 条相关的新闻。尽管政府尽力地采取措施清理制止谣言，但是总的来说，大量的谣言存在我们的生活之中。在新媒体时代，人们可以随时随地地接受和发布信息，使得信息不断地扩散泛滥，各种观点与舆论可以伴随着多个中心而扩散，中心还会不断地发生变化，这让谣言传播变得越来越复杂，传统的应对方式难以适应新的问题，给监管谣言带来了很大的挑战。

面对一些真相处于模糊状态的事件，个别网民发布信息的时候不仅不负责任甚至还别有用心，肆意夸大细节，渲染事实真相，甚至以讹传讹，最终形成网络谣言。再加上网络传播本身的虚拟性和匿名性，网民公民意识和科学知识的欠缺，以及网络自媒体自身的缺陷为网络谣言的传播提供了可乘之机。虽然虚拟社会和现实社会是分开的，但是在网络技术如此发达的今天，虚拟社会也会对现实社会产生巨大的影响。比如"小月月事件"本来是天涯社区的一个帖子，结果变成了电视以及人们生活中谈论的一个热点话题。正所谓网上冒烟网下燃，网络上的热点话题可能发酵成为现实社会中的热点事件乃至群体性事件。在当前网络技术更为发达的状态下，网络事件可能会引发现实社会中的实体事件，网络中的不经意间产生的谣言，也可能成为引发社会的恐慌，给人们的生产生活带来严重的负面影响。因此，在突发事件发生的时候，对舆论信息的监督和引导至关重要。而要能够有效地监督和引导舆论，这就必须要研究事件发生后信息传播和舆情演变的规律。对政府管理部门来说，能够利用这些规律做好前期预警工作、提高政府对网络信息的判断能力，并及时做出有效的干预和控制措施、合理利用网络舆情正确引导社会公众的行为。

在新媒体传播的环境中，网络谣言不仅影响了人们的生产生活，而且很容易形成一种群体效应，群体间成员的互动会加大网络谣言的危害性，可能会引发现实生活中的群体性事件，影响到社会的不稳定，网络谣言对各个层面的危害的相互作用关系如图 1.1 所示。

---

① Bug 为计算机领域专业术语，意思是漏洞。

人们以前只关注到群体性事件中会产生大量谣言，但是现在网络谣言的生成和传播同样也会推动群体性事件的发生。谣言本质上是舆论的畸形变态，这种畸形的变态实质包含了群体性的行为的概念，正是因为群体的作用，使得舆论的方向改变。当舆论形成了一些极端的观点的时候，愤怒不满的情绪会在群体中持续升温，最终引发群体性事件。比如 2008 年在贵州省发生的瓮安县"6·28"事件，谣传事件中的三名嫌犯是当地某领导的亲戚，并有谣传死者的叔叔曾被带到公安局问话时被打死。这些网络谣言使得网民群体始终坚信死者是被害者，引起了当地人民的群体性行为，当地民众集体到县政府为死者讨公道，在事件中公安民警与当地民众双方僵持近 7 小时。由此可见，网络谣言在社交网络中循环传播、变异，使得网络谣言的危害性成倍数地扩大。而网络谣言对个人和群体危害，最终会演化为对社会发展的影响。

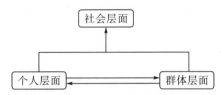

图 1.1　网络谣言对各个层面的危害的相互作用关系

　　由于大部分人都有猎奇心理，而个别人甚至有仇视社会的心理，所以一些负面的信息更容易引起人们的关注，一时间被人们大量的转载，然而真相却被掩盖。人们会误以为谣言就是真相而广泛地传播。有的网络上知名的"大V"利用人们的这种心理，通过捏造事实、制造热点事件大肆敛财。随着这些网络谣言的相关丑闻不断曝光，公众在纷纷谴责这些网络"大 V"利欲熏心的同时，网络媒体本身在受众心目中的地位必将大大降低。"秦火火"就是一个典型的例子。"秦火火"等人成立的公司，专门通过网上的社交媒体网络平台，编造和传播谣言，故意炒作一些网络事件，故意诋毁一些公众人物的形象，以此来谋取收益。这些将社会的某些方面无限扩大的负面新闻，使得社会上存在的一些问题被一些人蓄意或者是不经意地夸大，在网上宣传传播，获得人们的大量关注，引发群众的非理性行为，产生更大的负面传播效应，网络谣言引发的非理性行为如图 1.2 所示。网络谣言的大肆传播可以瓦解事实的真相，对社会信任体系来说，这是一个非常大的挑战，对社会的和谐稳定产生巨大的威胁，让民众对政府和社会丧失信心。

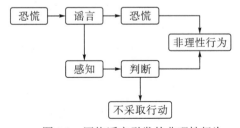

图 1.2　网络谣言引发的非理性行为

　　网络谣言的大肆传播会严重地破坏政府的形象，从而使得政府的公信力降低。一般情况下，谣言产生后，大部分人都不会对信息进行核实，或者是说根本没有能力去核实，在这种没有任何确切证据的情况下开始相信并传播谣言。有的时候政府多次出面辟谣也不能遏制谣言的传播趋势，反而事实的真相却被汹涌澎湃的质疑声、责骂声所淹没，随着谣言的大肆传播，产生了以谣言为主的舆论潮，给政府妥善解决事件带来了很大的困难，对政府形象造成严重损害。比如在"7·23甬温线特别重大铁路交通事故"中，事故发生后谣言此起彼伏，有谣传"掩埋车头是掩埋证据"，网络上一时间引起人们的热议，并且相信当地政府这样做是为了掩盖事故原因，政府多次就这个问题召开新闻发布会，通过官方媒体发布信息辟谣，但是效果并不明显。同时在这个事件中，"秦火火"在网络上编造谣言，说我国政府花费了2亿元人民币的巨资对外籍旅客进行赔偿，在很短的时间之内引起疯狂的转载，立刻引发了社会公众对政府的不满，从而使政府的善后事宜变得极其被动。2011年8月，有人盗用国家税务总局名义，对外发布了《国家税务总局关于修订个人所得税若干问题的规定的公告》，这样一份假文件竟然引来包括央视在内的国内不少媒体纷纷报道，严重损害了政府和权威媒体的公信力。

中国目前正处在发展的重要战略机遇期，伴随着中国经济的持续高速增长，谣言的大规模传播会影响社会经济的正常发展。诺伊鲍尔说，谣言只有放在文化背景中才能显出本来面目，就是在互联网时代也是一样的。但是同时谣言也从侧面反映了当今社会存在的一些问题。比如，瓮安县"6·28"事件、石首事件中谣言的背后反映了个别司法部门司法不公、某些官员腐败的问题；"宣威火电厂炼成癌症村"谣言正是与当地存在的环境污染问题息息相关；"湖南衡东交警打人"谣言事件则反映的是个别地区基层社会治理出现的瑕疵，以及少数官民之间的信任危机问题。面对这样的一些问题，有效地控制谣言传播就显得尤为重要，政府应该及时地对谣言进行澄清和控制，给公众提供清晰的、详细的有关真相的信息，这样才能稳定公众的情绪，避免公众一些群体性的躁动行为。

由以上的分析可见，在互联网如此发达的时代，因为社交网络传播的互动性更强而且有着庞大的关系网络，谣言在社交网络中的传播速度比传统媒体要更快更广。由于公众对新媒体的参与性较高，公众在不经意间可能成为谣言传播者。各种各样的谣言出现在公众的视野中，不仅会祸害个人名誉，还可能会对国家的经济安全和社会秩序等都造成一定的影响。中国网民数量已经成为世界第一，互联网不仅改变了人们的生活方式、消费方式、交流方式，更在深层次上改变了人们的思维方式。对正处于社会转型期的中国而言，新媒体的出现与发展使公共突发事件中的谣言传播呈现出新的特征与形态，需要引起相关部门的关注与重视。总之，网络谣言对社会造成了极大的消极影响，关系到国家的社会安定和经济安全等问题，所以研究谣言的传播规律及控制策略具有很重要的意义。

从理论意义上讲，本书综合运用了心理学理论、生物数学理论和复杂网络理论等学科的知识，系统地分析了谣言产生和传播的原因，把握谣言在新媒体背景下传播的规律和特点，建立了模型预测谣言传播的趋势。本书还系统地研究了公众对谣言的认知、事件的特性对谣言传播的影响以及官方信息与谣言传播之间的关系，从而为政府有关部门应对谣言时提供一定的理论支持，为政府做好预警和分析、为控制和引导社会公众行为提供决策理论与方法。从现实意义上讲，网络谣言造成的社会危害是不容忽视的，防范和治理网络谣言已经成为党和政府急需解决的一个重大社会问题。同时也是加强对网络传播的监督和管理，净化网络环境，维护社会的和谐稳定，推动社会主义现代化建设顺利开展的必然要求。

此外，防范和治理网络谣言对于提高网民的法律意识，提升网民的社会责任感，规范网民的传播行为也具有非常重要的现实意义。

1.2　研究现状

为了分析与谣言相关的研究现状和研究重点，本书主要从疾病传播模型、心理学上对谣言的研究和谣言传播模型进行文献汇总分析，并对这三个问题的研究现状和研究热点进行归纳总结。本节主要选取的数据库是 SCI 数据库，而 Web of Science 是 SCI 的核心数据库，包含了 6 个核心数据库，分别为科学引文索引扩展版(Science Citation Index Expanded，SCIE)、社会科学引文索引(Social Sciences Citation Index，SSCI)、艺术人文引文索引(Arts & Humanities Citation Index，A & HCI)、Index Chemicus、Current Chemical Reactions 和 ISI Proceedings(国际会议录，其中自然科学版即三大检索之一的 ISTP)。其中的科学引文索引扩展版是全球最权威的自然科学引文数据库，目前收录自然科学 8200 多种国际性、高影响力的学术期刊，数据最早可以回溯到 1900 年。在数据库中，本节分别选取 "epidemic model" "rumor" "rumor spreading model" 作为检索词；采用 NoteExpress 软件导入题录，为了保证文献与主题有较大的相关性和适当的数据量，删掉其中的重复题录以及与主题相关性不大的题录，得到关键词的数据库；并通过应用 NoteExpess 与 NodeXL 软件的系统化文献研究方法(NN-SRM)对文献进行了系统的整理和回顾。由于谣言传播和疾病传播有很多相似的地方，大多数研究谣言传播的模型都是从疾病传播的模型变形而来，因此疾病传播的研究和谣言传播研究是息息相关的，下面首先分析疾病传播模型的研究现状。

1.2.1　疾病传播理论

历史上爆发的几种传染病对人类的生存构成了巨大威胁。从公元 1 世纪到公元 20 世纪，有记载的关于天花这种传染病的大规模爆发就有 5 次，其中 1 次是罗马帝国天花大流行，使得 1/4 的人口死亡。到今天，传染病依然是人类的天敌。近 10 年以来，SARS、H7N9、寨卡病毒等恶性传染病相继爆发，这些疾病的爆发促使了传染病的研究积极不断地推进。

在 SCI 数据库中，选取 "epidemic model" 作为检索词检索文献。为了保证较高的相关性和避免过多的文献，只选取检索词在 "title" 中出现 "epidemic model" 的文献。截至 2016 年 2 月，通过检索可以得到 2548 条记录，采用 NoteExpress 软件导入题录，查找重复题录，重复判定字段设置为 "题录类型" "期刊" "年份" "标题" "关键字" "作者" 等。删掉其中的重复题录，得到记录数为 2536 的疾病传播模型的数据库，疾病传播模型研究文献在 NoteExpress 软件中的汇总见图 1.3。然后选择 "文件夹统计信息"，分别对 "年份" "期刊" "作者" 进行统计，得到图 1.4～图 1.6。疾病传播模型的文献题录统计结果见表 1.1。

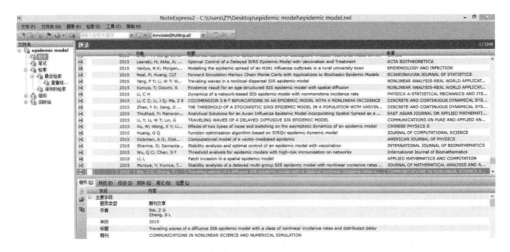

图 1.3   疾病传播模型研究文献在 NoteExpress 软件中的汇总

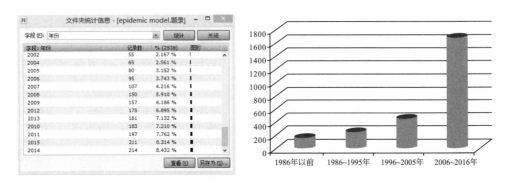

图 1.4   疾病传播模型研究文献年份分布

图 1.5   疾病传播模型研究文献期刊分布

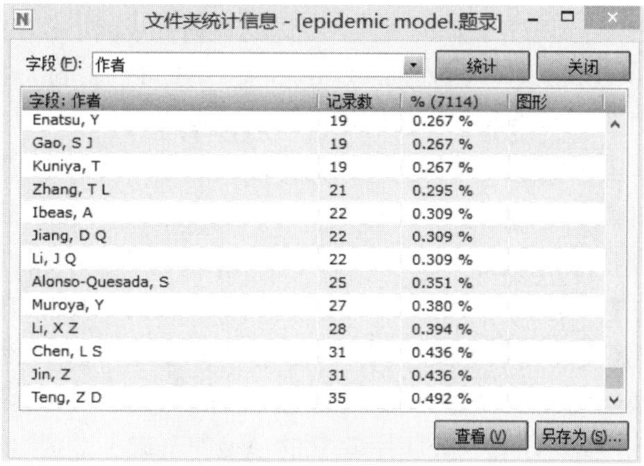

图 1.6 疾病传播模型研究文献作者分布

表 1.1 疾病传播模型的文献题录统计

项目	结果
年份	1986 年以前：154 篇（6.063%） 1986～1995 年：238 篇（9.377%） 1996～2005 年：446 篇（17.571%） 2006～2016 年：1700 篇（6 6.982%）
作者	研究作者较为分散 Teng, Z D：35 篇（0.492%） Jin, Z：31 篇（0.436%） Chen, LS：31 篇（0.436%） Li, XZ：28 篇（0.394%） Muroya, Y：27 篇（0.380%） Alonso-Quesada, S：25 篇（0.351%）
期刊	*Mathematical Biosciences*：116 篇（4.571%） *Applied Mathematics and Computation*：99 篇（3.901%） *Nonlinear Analysis-Real World Applications*：70 篇（2.758%） *Journal of Mathematical Biology*：64 篇（2.522%） *Mathematical and Computer Modelling*：46 篇（1.812%） *Physica A-Statistical Mechanics and Its Applications*：44 篇（1.734%） *Mathematical Biosciences and Engineering*：44 篇（1.734%） *Phytopathology*：43 篇（1.694%）

  从表中 1.1 可以看出，*Mathematical Biosciences*、*Applied Mathematics and Computation*、*Nonlinear Analysis-Real World Applications* 和 *Journal of Mathemati-cal Biology* 是疾病传播模型研究领域内的主要杂志。而在研究学者方面，Teng、Jin、Chen、Li 等在疾病传播领域做出了巨大的贡献。其中，Teng、Jin 等主要集中在对疾病传播模型的稳定性的理论分析和证明，如对 SIRS、SIR 疾病传播模型的稳定性分析（Hu et al., 2012；Nie et al., 2012）、对 SEIT、SEIR 等疾病传播模型的全局动力学分析（Li et al., 2015；Feng et al., 2015；Li and Jin, 2005），Pang 和 Chen（2008）等、Zeng 等（2005）等着重研究了疾病传播的一些控制策略，带有时滞的疾病传播模型等。

  从图 1.4 可以清楚地看出，对疾病传播模型问题的研究是呈逐年递增的趋势。尤其是 2006 年至今的文献占了总文献的近 70%。从图 1.4 还可以看出，疾病传播模型的研究开始比较早，而且越来越受到研究者们的关注，正是这些研究成就了数学的一个重要分支——生物数学。同时从疾病传播模型文献题录类型分布图 1.5 可以看到大多数的关于疾病传播模型的文献为期刊文章，书的章节和会议论文集的比重不大。

数学模型是最早用于描述疾病传播规律的方法。在 19 世纪 20 年代，Reed 和 Frost 提出了 Reed-Frost 随机模型描述疾病在人群中的传播过程（Maia and Oliveira, 1952；Abbey, 1952）。在疾病传播动力学模型中，现有模型的奠基工作当属 1926 年 Kermark 和 Mekendrick（1927）构造了著名的 SIR 仓室模型来研究 1665~1666 年黑死病在伦敦的流行规律以及 1906 年瘟疫在孟买的流行规律，这是疾病传播模型的最经典的模型，之后的很多模型也是这个模型的变形模型。Kermark 和 Mekendrick（1932）又提出了另一个疾病传播模型——SIS 仓室模型，并在分析所建立的模型的基础上，提出了区分疾病流行与否的"阈值定理"，为传染病动力学的研究奠定了基础。1957 年 Bailey 出版了关于疾病传播的数学理论著作，标志着疾病传播这个研究主题进入了蓬勃发展阶段。

为了改进系统动力学模型在描述个体属性和行为差异时的局限，人们对人群的分组进行了扩展（Mkhatshwa and Mummert, 2011；Kwok et al., 2007；Wang et al., 2011；Hethcote, 2000）。有的疾病具有潜伏期，即在个体被感染后不会马上成为患者，病菌会在个体体内潜伏一段时间再成为患者。于是在 SIR 经典模型的基础上，考虑在传播过程中的疾病潜伏个体，记为 $E(t)$，表示 t 时刻仓室中的潜伏者个数。有学者提出病人康复后仅有暂时免疫力的 SEIS 疾病传播模型（Bame et al., 2008）；在添加种群动力学因素、总人口变动的条件下，利用双线性发生率建立了有先天免疫、无垂直传染的 MSEIR 模型（Li et al., 2002）。此外，还有考虑了人口年龄结构的 SEIR 疾病传播模型（Li et al., 2002；Liu et al., 2015；Safi et al., 2013）。同时，学者们对 SEIR 模型在不同情况下的全局性质进行分析（Michael et al., 1999；Korobeinikov and Maini, 2004）。目前，分析疾病传播的特点和防控策略的一个重要方法，是建立合理的微分方程组来研究。建立微分方程后常需要对微分方程做一些定量分析，比如稳定性分析、分歧理论和稳定状态等。

为了描述疾病传播中各个因素对传播的影响，将各个因素对传播的影响反映在微分方程组的参数中，因此研究者们对微分方程的参数进行研究扩展，引入了更多的变量描述各个因素对疾病传播的影响。在仓室模型中，疾病的传播是通过接触传播的，只有感染者和易感者接触并且感染的时候，疾病才会传播。单位时间内感染的个体所接触到的人数是依赖于群体的人口数量，一般情况下，单位时间内一个感染者与易感者接触并产生感染的人数叫作有效接触率，单位时间内所有的感染者所传染的易感者的人数称为发生率，常见的发生率形式是双线性的发生率 βSI。随着研究的推进，研究者们根据传播的特点、影响因素的属性等，提出了其他类型的发生率，将线性发生率修改为多种形式的非线性发生率（Liu et al., 1987；Hethcote and Driessche, 1991；Ruan and Wang, 2003；Korobeinikov and Maini, 2005）。为了消除假设中一个感染者可以接触到无限多个易感者，有研究者提出了饱和发生率，并且这个效率得到了很好的应用（Wang and Chen, 2008；Anderson and May, 1978；Zhang et al., 2008）。也有通过实际情况分析，在满足一定假设的条件下，给出发生率的函数表达式（Hethcote and Driessche, 1991；Moreira and Wang, 1997；Jacquez et al., 1991, Liu et al., 1986）。通过进一步的研究，研究者发现在一些重大的疾病暴发时，因为通过政府的宣传以及采取了隔离、注射疫苗等相应的措施，人们意识到了疾病的危害性，易感者就会采取各种措施来防止自己被感染。因此，在疾病刚刚爆发的时候，被感染的易感者数量会随着感染者的增加而增大，但到一定程度后被感染的易感者的人数会减小。这说明了发生率不是单调的发生率，因此有的研究者提出了非单调发生率，并且在有的文献中得到了相应的应用(Xiao and Ruan, 2007；Huo and Ma, 2010；Muroya et al., 2011；Zhou et al., 2007；Zhang et al., 2013；Sunita and Kuldeep, 2008)。为了描述个体疾病病程发展的时间异质性，对病程发展参数，如发生率和康复率，进行异质处理(Li et al., 2004)。

由于疾病传播过程的复杂性和不确定性，研究者将模糊理论引入疾病传播问题。Zadeh(1999)提出的模糊理论是一种解决模糊、不精确和信息不足的问题的有效方法。在疾病传播领域基于动力系统的模糊问题已有一些研究成果，但是相对于疾病传播其他问题的研究，研究的成果比较少。这是因为模糊动力系统是一个非常富有挑战性的领域，特别是非线性动力系统(Ortega et al., 2008)。虽然基于微分方程的模糊模型已经有学者做了相关的研究(Pearson，1997；Seikkala, 1987；Nikravesh et al., 2004)，但是由于疾病传播模型的非线性质，这些方法很难应用到疾病传播模型中。为了能够处理疾病传播模型中的模糊问题，Barros(2000, 2003, 2014)等在考虑了微分方程模型中的模糊参数问题，先后应用模糊理论建立了模糊 SI 模型和模糊 SIR 模型。Bassanezi 和 Barros(1995)等在微分方程中应用模糊参数去描述动力系统，在生态模型中提出了模糊期望值。Ortega 等(2000)等应用模糊语言规则建立了微分动力学模型，并与经典的微分方程做了比较。Mishra(2010)等将模糊理论应用到了计算机网络蠕虫传播上并建立了模糊(SIRS)模型。Mondal(2015)等考虑了疾病传播率和治疗作用都为模糊数时的模糊 SIS 疾病传播模型。

1.2.2 谣言心理学

从 NoteExpress 导入的谣言相关文献的情况来看，在 20 世纪 50 年代，心理学方面便有关于谣言的研究成果，到现在关于谣言的研究仍在不断推进。为了分析心理学方面对谣言的研究文献，先采用 TI 搜索方式检索关键词"rumor"，截至 2016 年 2 月得到 1517 条记录，采用 TI 搜索法是只搜索标题中含有"rumor"的文献，这样可以避免太多的文献数以及保证较高的相关性。从平时查找研读的文献来看，关于谣言传播的定性研究方面大部分文献都发表在心理学方面的杂志上，因此再从 1517 条记录中选择研究方向中的"PSYCHOLOGY"精炼后，得到 121 条记录，见图 1.7。采用 NoteExpress 软件导入题录，查找重复的题录，删掉其中的重复题录，并删掉与主题关系不大的题录，得到记录数为 115 条的数据库。选"文件夹统计信息"，分别统计"年份""期刊""作者"，心理学方面对谣言研究的文献题录统计见表 1.2。心理学上对谣言研究文献的年份、期刊和作者分布图分别由图 1.8、图 1.9 和图 1.10 所示。从图 1.8 可以看出，关于谣言传播的研究呈一个递增的趋势，同时可以看到在 1986 年以前已经有很多关于谣言传播的研究了，大概占了总文献的 37.389%。也就是说，从古到今，谣言是一个经久不变的话题，是一个长久的研究主题。同时从这里也应该得到启发，对谣言传播的定性研究持续的时间远远大于谣言传播定量研究的时间，所以在谣言传播定性研究中的结果应该要为定量研究所用才是。从图 1.9 来看，大多数的关于谣言的文献为期刊文章，书的章节比重非常小，说明关于谣言的研究一直在推进。

图 1.7　在心理学方面谣言的研究文献在 NoteExpress 软件中的汇总

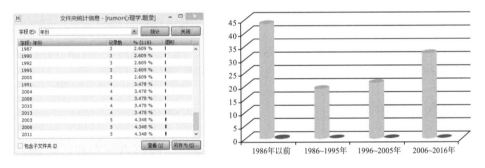

图 1.8　在心理学方面谣言的研究文献年份分布

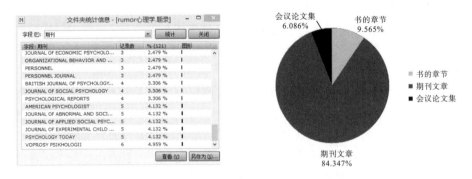

图 1.9　在心理学方面谣言的研究文献期刊分布

图 1.10　在心理学方面谣言的研究文献作者分布

从表1.2 中可以看出，*Voprosy Psikholog II* 、*Psychology Today* 、*Journal of Applied Social Psychology* 等是谣言心理学领域内的主要杂志。可以看出，在研究学者方面，Bordia、DiFonzo、Gorbatov 和 Rosnow 等在谣言传播心理学方面做出了巨大的贡献。Bordia 等 (2000，2003，2005，2014)、Bordia 和 DiFonzo (2002，2004)、Brooks 等 (2013)、DiFonzo 等 (2013)、DiFonzo 和 Bordia (1997, 2002) 通过实验研究了焦虑和信念对谣言传播影响，从个人层面和社会层面分析了谣言的性质，通过对 14 条谣言的研究，分析了焦虑、不确定性和怀疑批判对谣言传播的影响，实证谣言的新奇度和人的信念水平对谣言传播的影响，证明了网络集群导致了共识增加，导致了谣言的持久性和信念的极化，并且研究了股票市场上谣言对股票价格的影响。Gorbatov (2008, 2011, 2012) 分析了 Allport 和 Postman 经典理论的局限性，讨论了谣言内容的歧变和考虑情感互动对谣言的影响等，从心理、情感方面分析影响控制谣言的因素。Rosnow (1980) 和 Difonzo 等 (1994) 主要从心理学方面探索了影响谣言的因素。下面分类叙述谣言心理学的研究现状。

表 1.2　心理学方面对谣言研究的文献题录统计

项目	结果
年份	1986 年以前：43 篇 (37.389%) 1986～1995 年：19 篇 (16.523%) 1996～2005 年：21 篇 (18.263%) 2006～2016 年：32 篇 (2 7.825%)
作者	研究作者较为分散 Bordia P：13 篇 （5.963%) DiFonzo N：13 篇 (5.963%) Gorbatov D S：7 篇 (3.211%) Rosnow R L：5 篇 (2.294%) Principe G F：5 篇 (2.294%)
期刊	*Voprosy Psikholog II*：6 篇 (5.217%) *Psychology Today*：5 篇 (4.348%) *Journal of Applied Social Psychology*：5 篇 (4.348%) *Journal of Abnormal and Social Psychology*：5 篇 (4.348%) *American Psychologist*：5 篇 (4.348%) *Psychological Reports*：4 篇 (3.478%)

　　对于谣言的系统研究是从第二次世界大战开始的,在战争时代产生的谣言可以严重打击敌方士兵士气,击退民众的作战情绪。因此在那个时候美国的学者便对谣言产生了研究兴趣。在 1945 年,Allport 和Postman(1947)对1942 年发生的珍珠港事件中的战时谣言进行分析,研究了谣言的起源以及传播方式,得到了著名的谣言传播公式,即谣言的影响力大小与引发谣言的事件的重要性和模糊性的乘积成正比。他们认为谣言传播的原因是它可以缓解个人的紧张情绪,可以对人们所处的模糊环境做出一个解释。谣言的产生和个体的主观心理因素有很大的关系。Knapp (1944)认为期望、恐惧、攻击是产生谣言的心理基础。

　　Rosnow(1974)认为按谣言产生的动机可分为自然的和蓄意的,自然的动机多是产生于天然灾难和人为灾难,而蓄意的动机多是产生于政治界和商业界。传播谣言的原因是多方面的,有可能是为了缓解人们的恐惧心理,也有可能是为了和群体保持态度一致,还有就是发泄减压,引起谈资等心理。Chorus(1952)和 Rosnow(1988)都从人的角度出发研究谣言产生的因素。Rosnow 加入社会与组织的观点,他认为谣言是群体压力的反应,也是人们行为的重要指标,而且是在不确定状况下渴望求解的结果(Walker and Beckerle, 1987)。Katz 和 Shibutani(1969)站在社会学的角度来审视谣言的功能,他认为谣言是一种集体行为,个体在群体中交换意见最后得出的结果,是智慧的汇总。Bordia 和 Difonzo(2004)等认为谣言是社会群体在经历混乱时期,为解决问题获得社会认知而展开的一种集体行为。Schachter 和 Burdick(1955)等对谣言研究的结论,和 Allport 与 Postman 的结论是类似的。Kapferer(1990)在他的著作《Rumeur》中指出让人相信的谣言具有的三个特点,并且归纳了谣言的六种特征。

　　在谣言控制方面,西方学者多侧重于个案的研究,没有提出普适性的控制策略,而我国的学者主要是从宏观层面出发提出一些对策建议。Bordia 等(2000)等通过实验研究,在某一所大学里散播图书馆将闭馆的谣言,考察这则谣言在学生中的传播后发现,否定信息来源是击败谣言的一个有效方法。2005 年,他们做了一个类似的研究,研究结果表明,在辟谣的说服性信息中,对于减轻与谣言相关的信念和焦虑,辟谣消息的有理有据对缓解焦虑是很有效(Bordia et al., 2005)。Einwiller 和 Kamins(2008)则从心理学的角度论述了认同对于谣言驳斥的作用。国内的研究主要集中在两方面:一是强调政府要公开事件相关消息;二是强调媒体需要发挥的作用,政府要加强舆论监督。还有的学者研究一些细分领域的谣言传播及影响,比如对于印度尼西亚 1996 年末至 1997 年初流传的艾滋病谣言的个案研究(Kroeger, 2003),对于 1990 年喀麦隆流传的消毒疫苗的个案研究(Savelsberg et al., 2000),在商业领域,比如对股票市场中谣言传播的研究(DiFonzo and Bordia, 1997)。

　　社会心理学从个体、群体、社会等不同角度对谣言的产生和传播进行了研究和分析。从个体的角度出发的研究更注重个体的感受和过程中的诉求。在 1934 年,印度心理学家对印度大地震后的谣言进行研究,调查对象是没有在地震灾区、仅仅是有震感地区的村民,调查显示这些区域的村民特别愿意相信并传播灾难即将来临的谣言。而同时对在地震中受到损害的村民的调查中显示,这些地区流传的谣言很少有对灾难来临的预告,反而流传着一些安慰人心的谣言。所以在以上的地震谣言中,人们感到很恐惧,于是编造理由作为自己恐惧的缘由。那些焦虑的人在谣言里找到了某些合理化的解释,并且谣言提供了同他们的感情相吻合的信息。从集体行为的角度出发，对谣言研究比较多的是集体记忆和大众行为。在集体记忆的观点下，记忆不仅是个体的生理和心理的功能，还是一种社会功能。集体记忆(collective memory)是社会心理学研究的一种概念，最初由法国社会学家 Maurice Halbwachs 在1925 年首次完整地提出。Allport 认为"传说"可以认为是一种典型的集体记忆，是一种被固定下来的谣言。不同版本的谣言在特定的环境下表达着同一个主题，成为"都市传奇"。依据这种观点，"都市传奇"也可以看成是一种集体记忆(Fine and Brunvand, 1982)。社会学家认为谣言是集体行为的一种形式，是恐慌和骚乱等这些复杂的集体行为的初级阶段。当谣言发展到一定程度，集合行为的不确定性、易受影响性和紧急性可能成为广为分散、互不相识的人们的行为特征，表现为大众行为。在非典期间人们抢购板蓝根，和日本核泄漏事件时人们抢购碘盐的现象即为谣言引发的大众行为。

为了更好地挖掘心理学方面对谣言的研究热点，本节对 115 篇心理学方面的谣言研究文献的关键词进行整理，并将整理后的关键词 Excel 表输入 NodeXL，将两个关键词出现在同一篇文章的关键词添加连线，并将属于同一个子图的关键词进行分组，得到网络图1.11。可见心理学上关于谣言研究的文献关键词表现得非常分散，但部分比较集中，说明有关谣言的部分研究主题比较集中。在 NodeXL 中添加网络图中的顶点标签，并计算各关键词顶点的连线数，以顶点的大小区别显示连线数从多到少的关键词，过滤连线数少于 10 的关键词，得到图 1.12。在图 1.12 中可以看出，谣言产生的原因是研究的主要内容，其次是控制策略和建议方面的研究。其研究热点包括"Anxiety""Attitudes""Conformity""Knowledges""Suggestions"等。

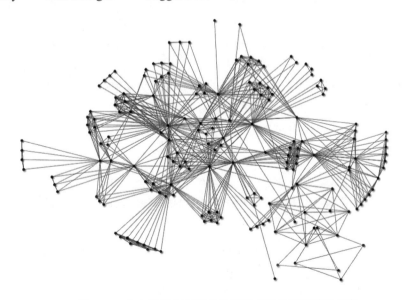

图 1.11　在心理学方面谣言的研究文献关键词整体分布

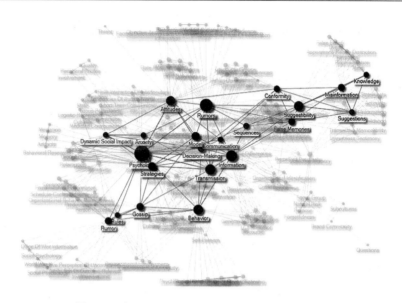

图 1.12   在心理学方面谣言的研究文献高频关键词分布

1.2.3   谣言传播模型

为了分析谣言传播模型的研究情况，采用 TS 搜索方式在 SCI 数据库中检索关键词"rumor spreading model"，截至 2016 年 2 月，得到 284 条记录；采用 TS 搜索法搜索主题含有"rumor spreading model"的文献，采用 NoteExpress 软件导入题录，查找重复的题录，删掉其中的重复题录，并删掉与主题关系不大的题录，得到记录数为 279 条的数据库，谣言传播模型的研究文献在 NoteExpress 软件中的汇总见图 1.13。然后选择"文件夹统计信息"，分别对 "年份" "期刊" "作者"进行统计，得到图 1.14、图 1.15、图 1.16。从图 1.14 可以看到，在 1995 年之前研究谣言传播模型的文章很少，仅占了总文献的 1.791%，然后逐渐增加，到近 5 年来对谣言传播模型的研究数量陡然增加，2011 年～2016 年 2 月的文献占总文献的 68.46%，说明谣言传播模型的研究在近几年进入了一个繁荣阶段，已经引起了研究者们的高度重视。

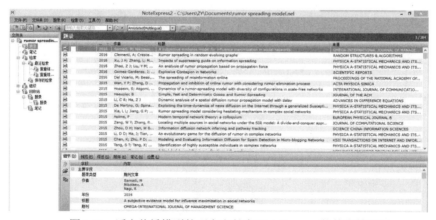

图 1.13   谣言传播模型的研究文献在 NoteExpress 软件中的汇总

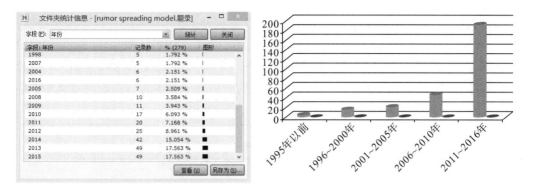

图 1.14　谣言传播模型的研究文献年份分布

图 1.15　谣言传播模型的研究文献期刊分布

图 1.16　谣言传播模型的研究文献作者分布

　　对文献年份、作者、期刊等信息统计如表 1.3。从表 1.3 中可以看出，*Physica A-Statistical Mechanics and Its Applications*、*Physical Review E*、*Acta Physica Sinica* 和 *PLOS ONE* 等是谣言传播模型领域内的重要杂志。而在研究学者方面，Zhao、Wang、Sauerwald 等在谣言传播模型领域做出了巨大的贡献。Zhao 等(2011，2012a, 2012b, 2013，2015, 2014)主要分

析了遗忘机制、官方媒体等对谣言传播的影响，并探讨了在不同网络中谣言的传播情况，以及在近年来开始研究谣言的控制策略。Doerr 等(2009，2010)、Berenbrink 等(2015)、Panagiotou 等(2015)主要研究随机谣言传播模型。可以看到，谣言传播模型的研究热点是针对谣言的特性建立模型以及结合网络研究谣言传播，还有研究谣言的控制策略和辟谣的模型。

表 1.3　谣言传播模型的文献题录统计

项目	结果
年份	1995 年以前：5 篇 (1.791%) 1996～2000 年：16 篇 (5.734%) 2001～2005 年：21 篇 (7.527%) 2006～2010 年：46 篇 (16.487%) 2011～2016 年：191 篇 (68.460%)
作者	研究作者较为分散 Zhao L J：12 篇 (1.292%) Wang J J：11 篇 (1.184%) Sauerwald T：8 篇 (0.861%) Wang X L：6 篇 (0.646%) Qiu X Y：6 篇 (0.646%) Doerr, B：6 篇 (0.646%)
关键期刊	*Physica A-Statistical Mechanics and Its Applications*：38 篇 (13.620%) *Physical Review E*：14 篇 (5.018%) *Acta Physica Sinica*：7 篇 (2.509%) *PLOS ONE*：6 篇 (2.151%) *Discrete Dynamics in Nature and Society*：5 篇 (1.792%)

　　为了分析谣言传播模型的研究热点，本节对题录进行"文件夹信息统计"，按 "年份"统计，选择 2014 年至今的 95 篇谣言传播模型研究文献，近两年的文献占总文献的 1/3，再次说明谣言传播模型是近年来新兴的一个研究主题。对 95 篇谣言传播模型方面的研究文献的关键词进行整理，并将整理后的关键词 Excel 表输入 NodeXL，将出现在同一篇文章的两个关键词添加连线，并将属于同一个子图的关键词进行分组，得到网络图 1.17。可见谣言传播模型研究的文献关键词表现得很集中，说明有关谣言传播模型的研究主题比较集中。在 NodeXL 中添加网络图中的顶点标签，并计算各关键词顶点的连线数，以顶点的大小区别显示连线数从多到少的关键词，过滤连线数少于 10 的关键词，得到图 1.18。由图 1.18 中可以看出，谣言传播模型结合复杂网络的研究是研究的主要内容，其次是从模型方面得到控制策略和阈值的研究。以及可以看到较大的点关键词"Epidemic"，说明谣言传播模型的很多研究借用疾病传播理论的研究结果。也可以看到采用其他方式来建立谣言传播模型，"Agent-Based"是一个研究的方向。谣言传播模型的研究还通常结合"Emergency"来研究，一般突发事件发生后，容易产生和传播谣言。

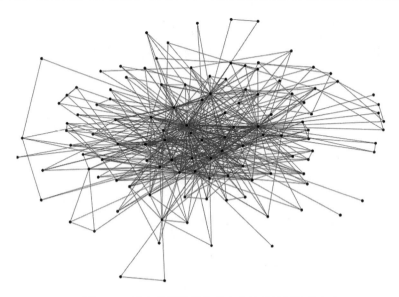

图 1.17　谣言传播模型的研究文献关键词整体分布

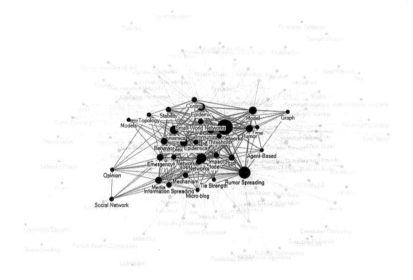

图 1.18　谣言传播模型的研究文献高频关键词分布

　　总的来说，在 20 世纪 60 年代开始了对谣言传播模型的研究，由于谣言在社会网络中的传播与病毒传播很相似，因此很多研究谣言传播模型的方法是借鉴疾病传播模型中的方法。最早是 Rapoport（1952, 1953）等人利用疾病传播模型研究信息的传播问题。Goffman 和 Newill（1964）比较了谣言传播与疾病传播的相似之处，利用疾病传播模型的稳定性去解释了谣言传播的最终状态。在这一个时期产生的较为经典的谣言传播模型是 D-K 模型，它是由 Daley 和 Kendall（1964, 1965）所提出的，模型假定将受众群体分为 3 类，并假定其中两类群体之间状态转换的概率满足一定数学分布。Maki 和 Thomson（1973）提出了 M-T 模型，Murray（1980）应用数学模型研究了谣言传播问题，从此谣言传播的研究从定性研究扩展到了定性与定量研究两个方面。近年来，谣言传播的定量研究得到研究者们的广泛关注，谣言传播模型的研究开始进入蓬勃发展阶段。1985 年，Sudbury（1985）借鉴疾病传播模型 SIR 模型研究谣言传播动力学问题，说明了当人群总数趋于无穷的时候，谣言所影响的人数比例。此后，许多研究者所建立的谣言传播模型都是基于经典的 SIR 模型。Pearce（2000）在借鉴传染病模型的基础上，利用概率生产函数法，研究了谣言传播终止时候的分布情况。Belen 和 Pearce（2004）、 Belen 等（2005）考察了初值的变化和不同时间的信息发布对 M-T 谣言传播模型中谣言的最终状态的影响。Dickinson 等（2003）比较了谣言传播和疾病传播两者的扩散机制，并总结了谣言传播和疾病传播的演化特点。Thompson （2003）等结合搜集的 MSN 聊天数据，考察了谣言传播过程中易感者和传播者的多样性对谣言传播的影响，并对谣言传播进行了仿真分析。Kawachi（2008）建立了动力学模型考察谣言的传播，在模型中考虑了受众不同的接触，确定了谣言传播的阈值。Kawachi（2008）等通过进一步的研究再次分析了不同的接触对谣言传播的最终影响，并运用模拟仿真展示了最后的传播结果。

　　尽管谣言传播与疾病传播有很多的相似之处，但是也具有许多与疾病传播不一样的特性。许多学者已经注意到这一点，并对谣言的特性做了相关的研究。这些特性的研究主要分为两种类型：第一种是从个体的特征出发，考虑人类心理特点的模型；第二类是从复杂网络角度出发，考虑网络的拓扑结构对谣言传播的影响。在社会学上对谣言传播的研究中，考虑了较多的心理方面的因素对谣言传播的影响。

　　在定量研究中人们也开始从受众者的心理出发，考虑谣言传播中受众者的记忆机制、遗忘机制、怀疑机制等对谣言传播的影响。有学者在仿真分析时得出，当网络很小的时候，很小的一段记忆也能影响谣言的传播（Doerr et al., 2012）。Dodds 和 Watts（2004）研究了有限的记忆对传播的影响，包括对传染病、谣言、新产品等传播的影响。Lü 等（2011）结合小世界网络研究了记忆机制对小世界网络中信息传播的影响。张芳等（2011）考虑了个体有限记忆功能对谣言传播的影响，以及谣言传播中个体间彼此影响的微观机制，基于 Agent 建模对谣言传播过程进行仿真。Nekovee 等（2007）考虑了遗忘机制对谣言传播的影响，认为遗忘机制对谣言传播产生很大的影响作用。Gu 等（2008）通过函数的形式刻画遗忘机制和记忆机制随时间变化的趋势，考虑了遗忘机制和记忆机制对谣言传播的影响，认为谣言是否传播取决于记忆机制和遗忘机制的竞争。Zhao 等（2013a, b）等模型中既考虑了遗忘机制又考虑了记忆机制对谣言传播的影响，分别在均匀网络和非均匀网络中研究了谣言的传播。

　　由于复杂网络理论研究的发展，网络的拓扑结构对传播有很大的影响，因此将复杂网络理论应用到了谣言传播研究中，使得谣言传播得到了新的发展。Zanette（2002）在小世界网络上构建了谣言传播模型，考察了谣言传播的阈值问题。Moreno 等（2004）等建立了无标度网络上的谣言传播模型，同时比较了计算机仿真和通过随机分析方法的结论。Zhou 等（2007）等通过对谣言传播的研究，认为在随机网络中更容易传播谣言。Kesten 和 Sidoravicius（2005）等研究了在变化的群体中谣言传播的过程。潘灶峰等（2006）在 Moreno 等提出的谣言传播模型的基础上，引入了传播者所占比例的峰值和传播结束后免疫者的比重，两个衡量谣言传播效果的指标，并研究了具有可变聚类系数的无标度网络上的谣言传播问题。由于人们的社会活动，点对点的社会网络会发生改变，Liu 和 Zhang（2014）考虑了网络动态性质的 SIR 模型。利用类似的模型，刘常昱等(2007)研究了传播媒介对于战争危机下的舆论传播的作用和影响。结合复杂网络理论和经典传染病动力学理论，张彦超等(2011)建立了基于在线社交网络的信息传播的动力学演化方程组。Lü 等(2011)在研究信息传播时提出了 SIR 模型的一个变形模型，得出了小世界网络更有利于信息传播的结论。通过深入研究社交网络中观点传播的形式和特征，熊熙和胡勇(2012)提出了在线社交网络上的观点传播模型，分析了传播意愿、观点变更率以及信任界限在观点扩散过程中的影响。在分析传统的 SIR 传播模型的基础上，有学者认为 SIR 模型偏向均匀传播网络研究，因此将复杂网络研究成果用到谣言传播中，以考察不同的网络拓扑结构对谣言传播的影响(Zhou et al., 2007；Liu, 2003)，以及提出了在线社交网络上的 SEIR 模型(顾亦然和夏玲玲, 2012)。除了以上类型的谣言传播模型，还有一些谣言传播模型是应用其他理论建立的。Han 等(2014)根据物理学中的热能计算理论建立了谣言传播模型。邵成刚(2003)利用经过改变的 Potts 自旋系统建立起了谣言传播的 Potts 模型，对谣言传播进行了量化分析。

　　学者们研究谣言传播规律的最终目的是为了能有效地防控谣言的传播，防止给社会经济带来不必要的危害。关于谣言传播控制策略方面的研究主要分为两个方面，一方面是从定性角度的研究，另一方面是从定量角度的研究。从现有的文献来看，从定量方面研究谣言控制策略的文献较少，但是有很多研究者从新闻传播学、管理学角度出发对谣言传播现象提出了一些控制策略和措施。在定性研究方面，主要针对网络谣言分析了当突发事件发生的时候，政府、媒体和公众在其中扮演了不同的角色和作用，为控制网络谣言提出了对策和建议。在定量研究方面，随着复杂网络的发展，研究成果主要集中在根据网络的特征提出了一些控制策略。在无标度网络中，根据其聚类系数对谣言传播的影响得出控制谣言传播的方法(汪小帆等, 2006)。通过分析谣言相关的特性以及官方信息的特性，建立控制谣言的模型(Zhang et al., 2014；Zhao et al., 2016；Zhang et al., 2016)，以及采用多层模型讨论抑制谣言传播的策略(Tian et al., 2015)。目前有关传播控制策略的研究大多是围绕着疾病传播或病毒传播来研究的，有关谣言传播的研究比较少，但是由于谣言传播和疾病传播有相似性，所以可以借鉴这些研究方法。在疾病传播研究中，最主要有三种免疫方法，分别为随机免疫、目标免疫和熟人免疫(Anderson and May, 1991；汪小帆等, 2006)。随机免疫是指在网络中随机地选取一些节点进行免疫。目标免疫是指对一些关键节点进行免疫。熟人免疫是指从所有节点中先随机地选取一些点，再选择这些点的邻居节点进行免疫。研究者们分不同的网络、不同的传播情况讨论免疫方法。Satorras 和 Vespignani(2001, 2002)等在均匀网络和无标度网络中研究了 SIS 疾病传播模型的免疫策略，Cohen 等(2003)等在无标度网络中讨论了传染病模型中的熟人免疫策略。对疾病传播免疫策略的研究成果是相当丰富的，学者们在这个方面做了很多研究(Liu et al., 2003；Zanette and Kuperman, 2002；Liu et al., 2004；Madar et al., 2004；Liu and Jin, 2008；Fu et al., 2008)。Huang 和 Jin(2011)疾病传播中的免疫策略引入 SIR 谣言传播模型，讨论在小世界网络上的谣言传播随机免疫和目标免疫。Singh(2013)考虑了在谣言传播过程中，一个节点通过接触把谣言传播给他周围邻居的个数是有限的情况下的免疫策略。

1.2.4　现状评述

根据以上介绍，本书梳理了疾病传播模型、谣言心理学和谣言传播模型的相关领域的研究现状，通过分析已有的关于谣言的研究文献，尽管研究者们在此领域做出了众多的贡献，但是仍存在一些问题，主要问题有以下方面。

(1)从自然科学和社会科学的角度对谣言传播的整合研究较少。通过文献分析可以看到，在社会学领域，有关谣言传播的研究已经有近百年的时间，经过长时间的研究，在社会学方面呈现了许多有价值的成果。而谣言在自然科学方面的研究则是在近 10 年来才开始受到研究者们的注意，大部分研究成果也集中在近 5 年的时间里。谣言在社会科学领域的研究主要集中在对谣言产生和传播的因素、后果以及控制策略方面的定性研究；谣言在自然科学方面的研究则主要是应用数学理论建立模型，模拟仿真谣言传播的过程。或许是因为自然科学方面关于谣言研究刚刚兴起，所以目前自然科学方面对谣言传播的研究和社会学上对谣言传播的研究是相互独立的，社会学中通过反复试验验证的经典理论和研究结果没有被应用到自然科学的研究中。谣言传播既是一个重要的社会问题，又是一个关于传播动力学的自然科学问题，因此，在研究的过程中，应该综合社会学和自然科学两个方面，结合起来研究。再者，社会学方面对谣言传播的研究时间较长，已经形成了一些成熟的理论，在自然科学领域应该被关注和应用。

(2)考虑谣言传播特性的研究尚不完全。已有的谣言传播模型，大多是借用疾病传播模型变形而来，但是尽管谣言的传播和疾病传播有着许多的相似之处，但是谣言传播有许多特性。从谣言在心理学方面的研究就可以看出，谣言传播与个体的认知心理有极大的关系。有的研究者已经意识到谣言传播认知心理方面的特性，在其建立的谣言传播模型中考虑了个体的心理因素，使得对谣言传播模型的研究得到了推进。但是这些是远远不够的，在建立谣言传播模型时考虑谣言传播特性还需进一步地探索研究。比如，在目前的谣言传播模型中，尚没有模型考虑引发谣言的事件的特性，而关于事件的特性的研究在谣言心理学上已经有许多相关研究，形成了较为成熟的结论。另外，关于谣言传播过程中的群体因素的问题，群体的认同和信任等尚没有被考虑到谣言传播模型中。

(3)谣言传播模型中的参数设置问题。在仿真部分，目前谣言传播模型对相关参数的取值，比如传播率、遗忘率、记忆率等都是研究者直接给定的常数。虽然采用这种方式，能够通过模拟仿真大体上反映谣言传播的变化规律，但是这显然是不科学的。首先，在现实生活中，有的参数不是常数。比如，记忆率不是一个常数，随着时间的变化，反复接收信息，记忆有一个累积的过程，因此记忆率不是一个常数。许多与谣言传播相关的参数都不是简单的常数，而是有一定变化规律的变量，需要掌握其规律建立相应的变量关系来描述。其次，直接确定为常数缺乏科学依据，可以考虑通过报纸、网络等媒体采集真实的谣言传播方面的数据，进行拟合计算出参数值。在谣言传播领域，目前尚没有文献对此做专门的研究。最后，在谣言传播模型中，大部分模型都是从某一谣言传播的特性出发建立的模型，在设置参数时只考虑某一因素，但是谣言的产生和传播并不是由一个因素所主导，所以模型不具备有普适性。

（4）控制谣言的定量研究较少。关于控制谣言传播的策略方面的研究，从文献分析来看，主要是定性方面的研究。研究者们从新闻传播角度、管理的角度出发对谣言传播现象提出了一些相关的控制策略和建议，有相当多的文献对此做了分析和阐述。而在谣言传播控制的定量研究方面，仅有少数文献对此做了研究，基本是从复杂网络的角度出发，根据网络的特性提出控制谣言的措施。研究谣言的最终目的便是控制谣言的传播，因此，控制谣言传播方面的定量研究应引起重视并做进一步的推进。目前有很多控制传播方面的研究是关于疾病传播方面的，由于谣言传播和疾病传播有相似性，因此在研究谣言传播控制策略时可以借鉴这些研究方法。

1.3　研究框架

近年来，全球各类突发公共安全事件频频发生，比如地震、火灾、恐怖袭击、甲流、塞卡病毒等。当发生重大突发性公共事件时，容易引发人们的议论，产生一系列的舆论。在互联网迅猛发展的时代，网站、微博、社区论坛等网络新媒体的快速发展，极大地丰富了信息的传播方式，这对政府处理能力和应对措施提出了更高的要求。目前对谣言传播的定性研究已经有相当长一段时间，也有很多有价值的成果。在谣言传播定量研究方面虽然起步要稍微晚一点，但是也有较多关于谣言传播模型的定量研究。然而，在目前的定量研究中几乎没有结合谣言传播的定性研究的成果，本书以社会学理论、心理学理论和疾病传播理论等学科的理论知识作为基础，在谣言传播定性研究的基础上，应用数学知识建立谣言传播数学模型，对谣言传播的模型及其应用进行研究。以下是本书的研究思路、技术路线和研究内容。

1.3.1　研究思路

在对谣言传播的研究背景的总结和研究现状的梳理之后，针对本书的研究对象谣言传播问题，形成了以下研究思路，如图 1.19 所示。

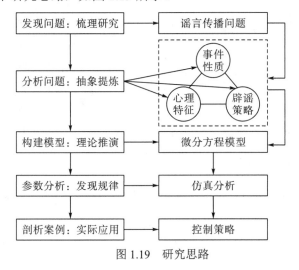

图 1.19　研究思路

　　在谣言传播现有研究成果的基础上，本书的研究目的是分析谣言产生和传播的因素，掌握谣言传播的规律，为控制谣言传播提供理论支撑。因此首先仔细理解研究对象和明确研究的方向，由于目前研究者们对谣言的定义尚有争议，故先对谣言的定义做一个整理和结论，学习谣言传播在定性研究和定量研究的研究成果。在这些研究的基础上，归纳提炼出谣言传播中的关键问题，对问题进行深入研究，建立更符合现实谣言传播规律的数学模型，提出有效控制谣言传播的策略。

　　对发现的关键问题，从理论的角度进行深入的分析，结合心理学上对谣言传播研究的重要结果，重点考虑了记忆的累积效应、事件的模糊性、事件的重要性、公众的批判意识对谣言传播的影响。根据问题的具体情况，阐述问题的关键因素，探索其内在的规律，抽象出这些问题的数学模型。建立数学模型定量化分析以上问题，进一步掌握谣言传播的规律。同时，由于谣言传播模型中有复杂的不确定因素，因此考虑了模型中参数的设置问题。传统的模型中，参数一般设置为一个常数，这显然是不符合实际情况的，本书试图建立变参数谣言传播模型。官方对谣言传播控制的过程中，官方信息在控制谣言传播中所起的作用如何，拟借助官方信息和谣言传播竞争模型刻画官方信息与谣言传播之间的相互影响，动态掌握二者之间的交互关系，通过模型的分析，探讨在不同的情况下官方辟谣的最优策略。

　　为了检验本书所建立的模型的科学性、有效性、实用性和合理性，将模型应用到实际问题中。通过对案例的剖析，对模型的结果进行深层次的分析，发现结果的规律性，同时案例的实际数据提供了许多有价值的信息，得到更多有意义的结论。

1.3.2　技术路线

　　根据研究思路，以疾病传播理论和谣言传播理论为指导，运用社会学、心理学、生物数学、复杂网络理论、传播学等为主要的研究工具，运用文献调查法、网络爬虫法、数学建模法、统计分析法、专家访谈法、案例分析法等研究方法展开研究。本书研究技术路线图如图 1.20 所示。

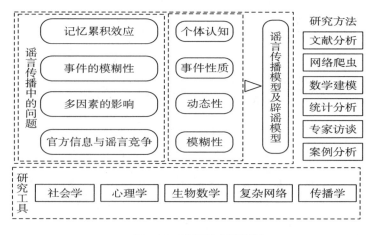

图 1.20　研究技术路线图

在谣言传播研究现状的基础之上，全面了解本书选题的研究进展，以问题为导向，发现谣言传播研究中存在的问题，为研究做好充分的准备工作。通过理论研究，运用心理学理论分析谣言传播中的特点，构建符合谣言传播特点的微分方程模型；同时用到模糊理论处理谣言传播过程中的复杂不确定性环境。针对建立的数学模型，运用微分方程理论对模型的数学性质进行分析。在仿真过程中，利用复杂网络知识，将模型在不同的网络上进行仿真，以分析谣言传播的规律以及网络的拓扑结构对谣言传播的影响。

采用网络爬虫技术在网络上采集相关实际案例数据，拟合估计参数，应用模型对实际案例进行分析，以检验模型的有效性、合理性和实用性。

1.3.3　研究内容

本书对疾病传播、谣言心理学、谣言传播为主题的研究文献进行系统的梳理和学习，主要探讨的是影响谣言传播的因素，根据谣言传播的特点建立符合现实情况的谣言传播模型，提出有效的谣言控制和预防策略。本书主要是围绕四个主题展开的，具体分为 7 个章节来叙述，研究框架图如图 1.21 所示，具体内容分为以下几方面。

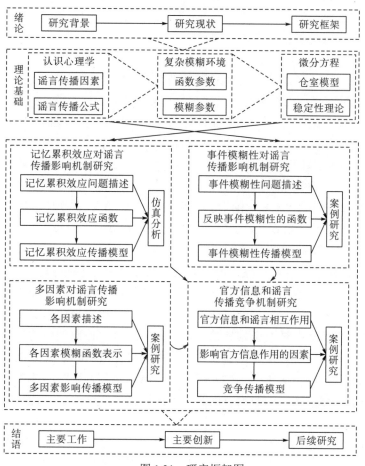

图 1.21　研究框架图

(1)本书从谣言传播的研究背景、国内外研究现状、研究内容三个方面进行阐述；通过对目前谣言传播的重大事件、现象的分析，明确研究的目的和意义，说明研究的重要性；运用文献综述法对相关文献进行评述，系统地梳理了疾病传播、谣言心理学、谣言传播模型为主题的核心研究论文，为本书研究指明了方向。在此基础上，提出了本书的研究思路和研究内容。

(2)本书阐述了谣言的定义，分析了谣言产生和传播的条件，介绍了谣言传播研究在社会学研究方面的经典成果以及在自然科学方面的一些基本模型；分别介绍了几个经典的谣言传播的公式，这对本书中模型的建立有很大的启示作用。由于谣言传播和疾病传播有很多相似的地方，最初的谣言传播模型是借用疾病传播中的模型而建立的，因此本书介绍了经典的疾病传播模型，以及几个基本的谣言传播模型。

(3)记忆的累积效应对谣言传播影响机制的研究。记忆的累积效应反映了人们反复地接收到同一条消息，那么可能会从不相信这条消息变为相信。模型中将谣言传播中的人群重新分类，除了谣言不知者、谣言传播者和谣言抑制者之外，加入了谣言潜伏者，即个体听到谣言后会对谣言进行判断，这个做判断的状态称为潜伏者，判断之后潜伏者变为传播者或者是抑制者。本书在谣言传播模型基础上，引入记忆的累积效应，建立一个反映记忆累积效应的变参数，构建了考虑记忆累积效应的谣言传播模型；通过仿真分析考察记忆的累积效应对谣言传播过程的影响，探索谣言的传播规律，给出了应对谣言传播的策略建议。

(4)事件的模糊性对谣言传播影响机制的研究。根据心理学家对谣言传播研究的成果，引发谣言的事件的模糊性对谣言传播起了非常重要的作用。针对这一问题，建立反映事件模糊性的时间函数，该函数不仅能够反映事件的模糊程度，还可以描述事件随时间的清晰速度。本书将此函数引入到经典的谣言传播模型 SIR 模型中，作为个体从谣言不知者变为谣言传播者的概率，建立了反映事件模糊性的变参数谣言传播模型；将模型在人工网络中做仿真分析，分析事件的清晰速度对谣言传播的影响，并分析了网络拓扑结构对传播的影响；最后将模型应用到"马航 MH370 失联"事件中，在新浪微博上搜集"马航 MH370 失联"事件中谣言的相关数据，并通过数据拟合，得到模型中的参数，并根据分析结果提出了应对谣言传播的策略和建议。

(5)考虑事件模糊性、重要性以及公众批判性的模糊谣言传播模型。由于在现实生活中，给出事件模糊程度、重要程度和公众批判意识的强度的具体值，是比较困难的，因此本书在研究三者对谣言传播的影响时，引入了模糊数来描述以上三个因素，这样更符合实际情况；并且将模糊数作为参数代替传统的谣言传播模型中的常值参数；模型模拟了谣言传播中的三种特殊情况，即事件不重要、事件很清晰、公众批判意识很强这三种特殊情况；最后将模型应用到了"7·23 甬温线特别重大铁路交通事故"，通过在新浪微博上搜集事故有关谣言的数据，说明了由模型预测估计的谣言传播的关键节点均与现实相符。

(6)官方信息和谣言竞争机制研究。谣言产生后，考虑到现实生活中同一时期内官方辟谣信息和谣言共同传播的情况，考察官方信息对谣言的抑制作用。利用以上的模型分析和案例分析结论，结合官方信息和谣言传播的特点，引入影响官方信息传播的两个因素，即官方信息的公信力和发布信息的频率，建立一个官方信息和谣言相竞争的传播模型。通过仿真方法分析官方能否辟谣成功的两种情况，同时考察了官方信息公信力和官方信息发布频率对谣言的影响，分析官方信息发布时间对谣言传播的影响，探讨整体谣言结束时间的早晚和谣言最终传播规模的大小等问题，提炼出政府决策者应对谣言传播的策略建议。

第 2 章　理 论 基 础

为了研究谣言传播的规律及控制策略问题，谣言基本的概念和理论是研究的基础。首先阐述谣言的定义，分析谣言产生和传播的条件，介绍谣言传播研究在社会学研究方面的经典成果以及在自然科学方面的一些基本模型。本章分别介绍了几个经典的谣言传播的公式，这对建立谣言传播模型有很大的启示作用。由于谣言传播和疾病传播有很多相似的地方，最初的谣言传播模型是借用疾病传播中的模型而建立的，因此本章介绍了经典的疾病传播模型，以及几个基本的谣言传播模型。

2.1　谣言的定义

由于在第二次世界大战时，大量的谣言传播现象引起了研究者们的注意，影响谣言传播的因素、个体群体心理，以及谣言控制都成为研究者们关注的问题。然而由于所关注问题以及研究视角的不同，学者们对谣言的界定一直没有一致的看法。随着新媒体的产生，谣言的传播方式发生了改变，这样的情况下，产生的谣言既具有谣言的一般属性，又具有其独有的特点，形成了一种新形式的谣言——网络谣言。下面分别介绍传统谣言的定义和网络谣言的定义。

2.1.1　传统谣言

在英语中，rumor 的意思是谣言。关于谣言的定义可以在相关的英文字典中查到。在《朗文当代高级英语辞典》中对 rumor 的解释："rumor, information or a story that is passed from one person to another and which may or may not be true." 意思是说谣言是指信息或者一个故事经过一个人传播给另一个人，它可能是真的也有可能是假的。在中国，权威级的《辞海》（语词分册，1980 年修订版）定义谣言为："1. 没有事实根据的传闻、捏造的消息；2. 民间流行的歌谣或谚语。"从词典的定义上可以看到中英文谣言的定义不同的地方是，中文中强调了谣言虚假性。而在西方语境中 rumor 传递的信息内容可能是不正确的，但并非一定指代不正确的、虚假的含义。这一点也是国内外对谣言的定义不一致的地方。

对谣言的系统研究最早起源于美国。最早提出谣言定义的 Knapp(1944)认为，谣言是一种旨在使人相信的宣言，它与当前时事有关，在未经官方证实的情况下广泛流传。1947 年，Allport 和 Postman 在《谣言心理学》里将谣言定义为一种据称真实但没有确切证据证明的说法，往往通过人与人之间口口相传。Peterson 和 Gist(1951)在《谣言与舆论》一文中指出："谣言是一种在人们之间私下流传的，对公众感兴趣的事务、事件或问题的未经证实的阐释"。Shibutani（1966）对 Allport 和 Postman（1947）对谣言的定义进行修改使其更完善，他认为谣言是一种个体在群体中相互讨论、交换意见的一种集体行为。在群体相互讨论的过程中产生的即兴新闻即为谣言，它是人们对共同关注的事件讨论所得出的满意的答案。Schachter 与 Burdick（1955）认为谣言是不可信的，谣言的扩散方式是一种链式的传播方式，它是一种在人际间快速传播的扭曲沟通。其实谣言之所以让人感觉棘手，就是它有可能是真的，而这种传统上的定义某种程度上反映了当时意识形态上的道德偏见，劝人为善的意念昭然若揭。Kapferer（1990）认为谣言的主要特征是它不是来源于官方信息，而不在于它是否已经得到证实，它是社会上存在并流传的未经官方证实或是已被官方所辟谣澄清的讯息。Rosnow（1980）进一步修正了先前定义中对谣言传播途径的限制，指出谣言还可以通过印刷品、电子媒介和互联网进行传播，但谣言是未经证实的普遍流传的说法。DiFonzo 和 Bordin（2006）则从谣言产生的情境、包含的内容和社会功能三个方面对谣言进行了更加细致和全面的界定，以将谣言和其他社会信息交流形式区别开来。研究者们在定义谣言时侧重点不尽相同，国外学者对谣言的界定具体见表 2.1。

表 2.1　国外学者对谣言的界定

学者	谣言的定义
Knapp（1944）	谣言是一种旨在使人相信的宣言，它与当前时事有关，在未经官方证实的情况下广泛流传
Allport 和 Postman（1947）	一种据称真实但没有确切证据证明的说法，往往通过人与人之间口口相传
Peterson 和 Gist（1951）	谣言是一种在人们之间私下流传的，对公众感兴趣的事务、事件或问题的未经证实的阐释
Berenson（1952）	谣言是一种具有说服力的信息形态
Schachter 和 Burdick（1955）	谣言是不可信的，谣言的扩散方式是一种链式的传播方式，它是一种在人际间快速传播的扭曲沟通
Shibutani（1966）	谣言是一种个体在群体中相互讨论、交换意见的一种集体行为。在群体相互讨论的过程中产生的即兴新闻即为谣言，它是人们对共同关注的事件讨论所得出的满意的答案
Rasnow（1980）	谣言还可以通过印刷品、电子媒介和互联网进行传播，但谣言是未经证实的普遍流传的说法
Kapferer（1990）	谣言的主要特征是它不是来源于官方信息，而不在于它是否已经得到证实，它是社会上存在并流传的未经官方证实或是已被官方所辟谣澄清的讯息
Fisher（1998）	谣言一种集体行为，为了某一目的而在人际间产生与传播的信息
Pendleton（1998）	谣言是未经由可信来源证实的信息沟通

在分析国内外权威的谣言定义后，可以发现，大部分的谣言定义中都采用了"未经证实"的字眼，来形容谣言是一种未经证实却广泛流传的信息。而国内的学者界定谣言是否为虚假信息产生了分歧。一部分接受了国外学者们对谣言的定义，认为无需用虚假信息将谣言定性，比如有传播学领域学者认为，谣言是一种以公开或非公开渠道传播的对公众感兴趣的事物、事件或问题未经证实的阐述或诠释（胡钰，2001）。有学者强调谣言是一种非官方的、在一定时期和一定范围内传播的包含有虚假成分的信息。散布虚假信息的人，不仅仅是非官方的，其实还有一些是官方的；谣言并非完全是虚假的，许多谣言中包含着

一定的真实成分(李若建, 2011)。而另一部分学者则遵从中国的历史以及实际语言状况将谣言定义为虚假信息，比如有学者指出谣言不是真假不分，也不是信息模糊、情况不明，而是地地道道地捏造事实，编造谎言，蛊惑人心(刘建明, 2001)。总的来说，国内学者认为谣言都是未经证实或没有根据的，因而偏向于认为是假的。但是，很多情形下，谣言所传播的信息也可能后来被证明是真实的。"未经证实"普遍被认为是"未经官方证实"，"未经证实"的并不一定是假的；其次，"官方"是否应该成为证实信息真实与否的唯一发布者或者鉴定者，值得商榷；另外，一些信息在一定条件和时空内被认为是假的，但转换时空或观察角度来看，又是真的。国内对谣言的定义如表 2.2 所示，可见目前学术界对谣言的界定处于分歧不断且没有共识的阶段。在西方的谣言研究中，研究对象常被界定为谣言、传言、绯闻、闲言碎语、都市传说等，但是也有混用的情况。在中国，同样的也有混用的情况，比如关于 rumor 的翻译，有时候翻译成"谣言"，而有的时候又翻译成"流言"。国内学者(周裕琼, 2012)在 DiFonzo 和 Bordia(2006)的研究基础上对谣言、流言、都市传说的区别加以辨析，如表 2.3 所示。

谣言与流言都是人们社会生活中传播的、没有根据、不确定的消息，虽然有相似的地方，但是两者也有不同的地方。从是否有意的角度来看，谣言可能是有人故意捏造的，而流言一般都是无意流传的。有人给流言下的定义是，经非正式渠道广泛流传的未经证实的信息；某个传播系统中历经若干发展阶段而未加证实的信息(王理, 2014)。根据定义的描述，可以看到实际上谣言和流言的传播形态是相似的。根据学者们的大量研究，学者们对谣言和闲言碎语也做了对比，总结了两者的区别。第一，从目的上看，谣言含有解释意义和澄清事实的意义，而闲言碎语则只是就个人的需求而言，自娱自乐而已。第二，从重要性来看，谣言的传播一般和重大的社会事件或者重要的人物有关系，而闲言碎语则只是人们之间的小话而已。第三，从内容上看，谣言的内容一般是没有证实过的，而闲言碎语则一般是有事实基础的。第四，从传播速度来看，谣言的传播范围要比闲言碎语要广得多，而闲言碎语传播的范围较小，一般在小范围内传播，所以速度要快得多。

表 2.2　我国学者对谣言的界定

学者	谣言的定义
张华葆(1994)	谣言是指对社会上已经发生或假想的一件事，经口耳相传，而又缺乏证据的解释或理论
郭庆光(1999)	流言是一种信源不明、无法得到确认的消息或言论，有自发产生的，有人为制造的，但大多与一定的事实背景相联系；而谣言则是有意凭空捏造的消息或信息
陈力丹(1999)	没有确切来源的在公众中流传的消息。应将其视为公众在特殊的社会状况下表达的意见或情绪倾向
胡钰(2000)	谣言是一种以公开或非公开渠道传播的对公众感兴趣的事物、事件或问题的未经证实的阐述和诠释
刘建明(2001)	一个或少数人造谣生事仅仅是谎言，而不是谣言。只有传播虚构事件的人鱼贯而动，达到一定舆论量，才称为谣言。谣言是指众人无根之言的传播，又称谣诼、谣传等。

根据以上对谣言定义的梳理和分析，一般认为，谣言是通过非正式渠道流传的、未经证实的信息，它具有信息分享和群体意见交换的双重属性，同时也是在信息暧昧不明，情况复杂急需解释的条件下群体创造的"即时新闻"。本书认为谣言更倾向于是一种与真实的情况不符的信息，其中可能包含部分真实的信息，但是整个信息在传播过程中被放大或

者被扭曲了，是需要人们去分辨否定的信息。一般情况下，谣言的产生是因为信息的缺乏，当人们想要知道事件的相关信息的时候，却又无法获取信息，便会转向一些非官方的渠道获取相关信息。谣言的信息源是不确定的，传播渠道是非正式的，一般是通过网络平台或者口耳传播等渠道进行传播。在传播的过程中，由于谣言具有极强的迷惑性，加上其制造者的主观造假动机，不断地发酵扭曲，极易煽动民众情绪，扰乱正常的社会秩序，对社会安定造成极大隐患。

2.1.2　网络谣言

随着科学技术的发展，谣言借助于互联网平台开始传播扩散，这种新型的传播方式下的谣言称为网络谣言。谣言的传播不再是口口传播或者仅仅是通过文字传播，而是主要通过以互联网为基础的微博、微信等各种新兴媒体方式来传播。因此谣言不再局限在一个小的区域传播了，通过新媒体手段，它可以在陌生人之间的传播，甚至可以跨国、跨语言传播，这种传播媒介大大地拓展谣言的生存空间。Tai 和 Sun(2011)在研究有关 SARS 的谣言的时候发现，在 SARS 流行期间，网络传播和手机短信是谣言的传播方式，在这种方式下，谣言可以迅速地大量地传播，和以往相比，即便是政府辟谣，有时也很难得到控制。网络谣言可以说是谣言发展的一个新阶段。

但是传播媒介形式的改变并没有改变谣言的本质，只是改变了谣言的生命周期和传播方式而已。网络谣言是互联网时代的特殊产物，是通过以网络为基础的媒介工具进行传播。目前网络谣言涉及的主要媒介方式有微博、微信、QQ、论坛社区、网页等，虽然随着科技的发展还在不断地演变，但是网络谣言并不是新生的事物，而是和以前所研究的谣言本质是相同的。学者们关于网络谣言的本质都达成了共识，关于网络谣言的认识基本上是一致的。一些学者将网络谣言定义为在网络这一特定的环境下，网络使用实体以特定方式传播的，对网民感兴趣的事务、事件或问题的未经证实的阐述或诠释(巢乃鹏和黄娴, 2004)。因此他们认为网络谣言本质仍属于传统谣言的一种，是在互联网背景下发展到一定阶段的产物。有学者对传统谣言与网络谣言进行了简单对比，见表 2.4(周裕琼, 2012)。随着网络的飞速发展，网络传播已成为谣言传播的重要方式。在这个新媒体时代，个体和个体直接连接的情况下，信息的传播进入前所未有的便捷时代，谣言随时可能迅速泛滥。因此，随着谣言传播形式由人际交往中的口头传播发展到网络传播，其控制和引导的任务越来越艰巨。

表 2.3　谣言、流言、都市传说概念辨析表

	本质	内容	发生语境	传播形式	功能
谣言	集体交易	对社会现实的假象或议论过程中产生的即兴新闻	处于信息模糊与危机情境下的集体寻求社会认知	社会范围一对多或多对多传播	获得社会认知，规避社会风险，解决社会问题
流言	社交语音	群体社交中谈及的与个人私生活相关的闲言碎语	处于孤立状态下的个体寻求群体归属感	群体范围内一对一口耳相传	建立、改变和维护群体认同、群体权利结构和群体规范
都市传说	故事叙述	在城市中流传的与现代文明相关的幽默或者恐怖故事	丧失目标与使命感的现代人寻求意义构建	代代相传	建立、维护或传递文化与价值观

表 2.4　传统谣言和网络谣言的对比

比较项	传统谣言	网络谣言
谣言散布的速度	慢	快
受众参与的地域范围	小	大
受众间的交互性	差	好
受众的言论自由度	小	大
受众发表意见的真实性	高	低
监管部门的掌控力度	大	小

　　在网络社交媒体中，微博是一种使用很广泛的社交媒体。微博即微博客，是一种网络虚拟社区，用户随时随地都可以发布不超过 140 个字符的消息。这一理念最早是由 Twitter 创始人所提出的。随着 Twitter 在国外的广泛使用，我国开始出现了和其类似的互联网平台，我国主要有 4 大门户平台，分别为新浪、搜狐、网易和腾讯所推出的微博平台。但随着市场的竞争，目前我国最大的微博平台是新浪微博。微博提供了一个普通大众可以分享自己身边的事以及关于自己的新闻的平台。在这种情况下，人们传播微博消息时，个体本身就成为一个媒介体，微博将传统的媒体点对面的传播模式，变为了点对点、点对面、面对点以及面对面的形式。这一传播方式也决定了微博具有门槛低、时效强、互动快、参与度高等特点，而这些特点也恰恰成为谣言滋生的"培养皿"。在这些使用广泛的新媒体中，政府、网络媒介和公众共同构成谣言传播与交流的三个重要支点，也是最直接的谣言利益相关者，在谣言传播中发挥各自的作用。政府制定方案与发布信息，网络传播与控制大众信息，公众接收与传递谣言，网络谣言传播模式如图 2.1 所示(贾国飚，2009)。

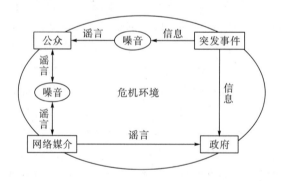

图 2.1　网络谣言传播模式

　　网络谣言能够在短时间内引发恐慌，影响群众正常生活，甚至危及社会稳定。比如，在 2011 年 3 月，日本特大地震过后，中国、韩国的一些城市出现食盐抢购潮。出现抢盐潮的原因是：一是传言吃碘盐可防辐射；二是谣传核泄漏污染了海盐。先是中国沿海的城市出现抢盐潮，后来这一现象迅速地波及中国内陆城市，最后影响到了整个中国。网络谣言导致的集体抢盐行为，严重扰乱了食盐市场的供需关系。在 2011 年 2 月，网络出现了一篇关于奶粉中加入了"皮革"的文章。文章说，有的奶粉中的蛋白质含量都是假的，不良企业将动物的皮、发进行粉碎，将其在水中沉淀下来的粉末物质加入奶粉中，以提高奶粉蛋白质含量监测的通过率，长期食用这种奶粉将致癌。消息一出，原本就对食品安全担忧的民众更加恐慌。许多大型的奶制品企业受到很大的打击，股价大跌。这些谣言之所以会迅速地波及全国，是因为借助了新兴社交网络平台，谣言得以在社交网络中迅速地传播。由此可见，因为在线社交网络的关系网络更复杂，互动性也更强，谣言在在线社交网络中传播得比在传统媒体中要快，所以网络谣言更容易引起社会的恐慌和不稳定。

众多的研究成果表明，新媒体为谣言的传播插上了"翅膀"，但有的学者认为互联网并不是一味地助长谣言的传播。海量的信息、信息受关注的时间短、网络媒体的公信力差，这些是互联网的特性，这些特性可以阻碍谣言的传播。但是新媒体中任何被关注的信息又能很快引起人们的热议，所以新媒体对谣言的阻碍作用是相对的。传统意义上来理解，网络的公信力应该是比较低的，这个从 Zhao 等 (2012a) 的研究中可以看出，在对官方媒体公信力调查中发现，相比其他官方媒体，官方网站的公信力最差。网络的公信力不高的确在一定程度上能阻碍一些谣言的传播，但是当谣言在社交媒体上引起人们的极大关注，这个时候这些谣言只会被推送到为热门焦点的境地，而不会因此而受到阻止。在新媒体时代，如果信息的来源广泛，并且有公信力较强的信息发布作为参照，以及信息的接收者对信息能够积极地理性地思考，那么信息就会具有自净的功能。2009 年，有学者通过实验对八位参与实验者植入四则奥运谣言，并要求其在 QQ 群讨论，通过对实验数据及访谈资料的分析，网络上的 QQ 群对于谣言信息的传播和针对谣言信息进行的聊天与沟通并没有使得该谣言得到强化，反而是更加澄清了信息，因而使得该谣言信息变得更不可信 (周裕琼, 2010)。但是如果没有值得信任的信息来源，那么广泛的非正式渠道的信息就会误导信息接收者，如果信息接收和传播者没有理智的思考，那么这些不恰当的或者不真实的信息人们都会相信和传播。

2.2　谣言传播公式

谈到谣言传播，必然会想到两位美国心理学家 Allport 和 Postman 对谣言传播的研究。他们认为谣言的产生和传播必须具备以下三个条件。第一，信息的缺乏。当事件发生的时候，人们都有一种求真的心理，如果与事件相关的信息很模糊，在这种严重缺乏确定的、可靠的信息的情况下，很容易产生谣言来填补这种信息的空白，那么与事件相关的谣言就很容易地散播开来。第二，焦虑。人们处于焦虑状态的时候，失去了平时的判断能力，因为谣言作为一种信息可以帮助人们缓解焦虑，所以很容易相信谣言。第三，危机。当大型的灾难性事件发生的时候，整个社会处于一种危机状态，人们会产生恐惧和不安，这时只要是与事件相关的信息，人们都会很紧张，所以这时人们基本是宁可信其有不可信其无。

通过以上的分析，Allport 和 Postman 提出了著名的谣言传播公式，谣言传播公式见表 2.5。表 2.5 中公式指出了谣言的影响力 (R) 与事件的重要性和模糊性成正比。事件越重要而且越模糊，谣言产生的效应也就越大。当重要性与模糊性一方趋向零时，谣言也就不会产生了 (Allport and Postman, 1947)。引起谣言的事件，一般都具有一定的重要性和模糊性，且事件和人们切身利益相关度越高，信息不确定性越大，谣言滋生传播的空间就越大。

1953 年，在谣言传播公式提出了 7 年后，荷兰学者 Chorus 在 Allport 和 Postman (1947)提出的谣言传播公式的基础上加入了另一个因素——公众的批判意识。他认为谣言的传播除了考虑事件的性质之外还要考虑接收谣言的听谣者的个体特质。谣言传播的过程是一个个体参与的过程，在个体听到谣言并传播谣言的过程中，会自己思考并对谣言进行判断。他提出了影响谣言传播的又一个重要因素，即批判意识，建立了 Allport 和 Postman 谣言传播公式的一个修正公式，将批判意识加入谣言传播公式中，见表 2.5。在以上分析的基础上，Chorus 认为谣言的传播还需要考虑听谣者个人的特质。他认为谣言并不是自己传播的，而是包含了人的参与过程。Chorus(1953)认为，批判意识包括三个方面。一是个人相关的知识。比如若某个人知道谣言形成的条件，那么他将不会传谣。二是个人的智慧与洞察力。具有敏锐洞察力的人会自觉抵制不可信的谣言。三是个人的道德价值观。如果一个具有高尚道德修养的人知道所听的是谣言，那么他不会将其继续传递下去。

以上谣言传播公式中提到的影响谣言传播的因素，主要是学者们结合自己的思辨性进行的总结，而其正确性没有得到相关实证研究的检验。对此，有很多学者采用实验法对传谣影响因素进行了研究。在 Anthony(1973)的实验里证明了"模糊性""重要性""焦虑"因素对谣言传播的影响，并且还提出了一个新的谣言传播因素"信任"。Rosnow(1991)在研究谣言传播的因素时提出既要考虑认知方面的因素，又要考虑情感方面的因素，并总结了影响谣言传播的四大因素：普遍的不确定性、与事件结果相关的涉入感、个体的焦虑和轻信。Rosnow（1991）详细阐述了这四个因素与谣言传播的关系，而且利用了其他学者相关的实证研究结果来支撑其观点。更重要的是，Rosnow（1991）还论述了这些因素和之前学者提出的因素之间的关系，他说明普遍的不确定性等同于 Allport 等提的"模糊性"，Chorus 提出的"批判意识"包含了他所提的轻信因素。由此，Rosnow 把谣言传播公式作了修改，如表 2.5 所示。

表 2.5　谣言传播公式

时间/年	提出者	因素	公式
1947	Allport 和 Postman	事件的重要性(Importance，I) 证据的模糊性(Ambiguity)	$R = I \times A$
1953	Chorus	事件的重要性(Importance) 证据的模糊性(Ambiguity) 批判意识(Critical sense)	$R = \dfrac{I \times A}{C}$
1991	Rosnow	普遍不确定性（Uncertainty） 与事件结果相关的涉入感 （Involvement） 个体的焦虑(Anxiety) 轻信(Credulity) 事件的重要性(Importance)	$R = \dfrac{U \times I_n \times I_m \times A}{C}$

2.3　经典传播模型

仓室模型是研究疾病传播的单一群体方法(张发等，2011)，它是将人群看成一个整体，流行的过程表现在易感者、感染者等各个群体的数量变化。仓室模型的基本假设是：每个人都相同，人群是均匀混合的，接触是瞬时的，接触与历史无关，每个仓室的人口数量足够大，不考虑出生与自然死亡等种群动力学因素，成员的总数始终是一个常数 N，所处相同状态的人构成一个仓室，随着状态的变化，人员在仓室之间移动 (Kermack and McKendrick, 1927)。常用的仓室有：①易染者类 (Susceptibles)：记为 $S(t)$，表示 t 时刻未染病但有可能被传染的个体的个数；②潜伏者类 (Exposed)：记为 $E(t)$，表示 t 时刻已染病但不具有传染力的个体的人数；③染病者 (Infectives) 类：记为 $I(t)$，表示 t 时刻已感染且具有感染力的个体数；④移出者 (Removed) 类：其数量记为 $R(t)$，表示 t 时刻从染病者类移出的个体数，也就是康复的个体数。

根据不同的传播规则，易感者和染病者接触后会变成潜伏者或者染病者，染病者康复之后就变成移出者。如果移出者不具备永久免疫力，会被重复感染变为易感者。根据这样的一个传播过程，传染病的基本模型就有 SI、SIS、SIR、SIRS、SEIR 等类型，下面介绍几个基本的模型。

1. SI 模型

这是疾病传播模型中最简单的情况，传播规则是，一个易感者和染病者接触被感染后，该个体会永远处于一个感染态，没有恢复。根据仓室模型的假设可以知道 $S(t)$。当人群中有传染病开始流行的时候，已经被感染的个体处于 I 状态，未被感染的个体处于 S 状态，若未被感染的个体与已感染个体接触，就会以一定的概率被感染，并将长期保持 I 状态。在数值仿真中，假设在单位时间内易感个体与感染个体接触并传染的概率为 β，则传染率为 βSI。传播机制如图 2.2 所示，对每一个仓室的成员的变化率建立一个微分方程，可以得到以下 SI 模型。

图 2.2　SI 模型传播机制

$$\begin{cases} \dfrac{\mathrm{d}S(t)}{\mathrm{d}t} = -\beta S(t)I(t) \\[2mm] \dfrac{\mathrm{d}I(t)}{\mathrm{d}t} = \beta S(t)I(t) \\[2mm] S(0) = S_0 > 0, I(0) > 0, S(0) + I(0) = 1 \end{cases}$$

在方程中，β 表示疾病的感染率比例系数，由于初始状态下易感个体较多，易感个体很容易遇到感染个体并且感染病毒，因此感染个体数量迅速增长；随着时间的变化，易感者的数量减少，染病者的数量增长也会放缓，最后呈一个稳定状态。但是在现实生活中，染病者一般不可能永远处于感染状态，同时也会向其他状态转化，下面介绍另外两种更为常见的模型。

2. SIS 模型

与以上 SI 模型相同，群体被分为两大类，$S(t)$ 和 $I(t)$，$S(t)+I(t)=1$ 但是与 SI 模型相比，SIS 模型传播规则不同的是，当人群中有传染病开始传播时，已被感染的个体处于 I 状态，未被感染的个体处于 S 状态，若一个易感者与一个染病者接触，就会以一定的概率变成染病者；而染病者 I 经过治疗后恢复，又变成可以重新被感染的易感染个体 S，并有可能会再次被感染成为染病者。该类模型可以描述的是患病后可治愈，但无免疫力的疾病，传染率为 βSI，恢复率为 γI，传播机制如图 2.3 所示。

$$\begin{cases} \dfrac{\mathrm{d}S(t)}{\mathrm{d}t} = -\beta S(t)I(t) + \gamma I(t) \\ \dfrac{\mathrm{d}I(t)}{\mathrm{d}t} = \beta S(t)I(t) - \gamma I(t) \\ S(0) = S_0 > 0, I(0) > 0, S(0) + I(0) = 1 \end{cases}$$

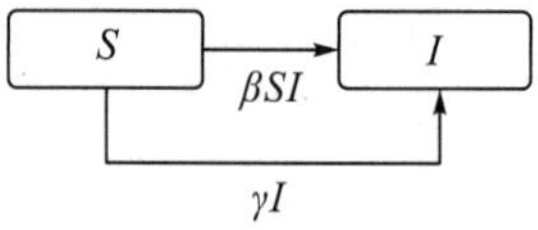

图 2.3　SIS 模型传播机制

3. SIR 模型

SIR 模型是最经典的仓室模型，是由 Kermack 等人在 1927 年提出的。在 SIR 模型中，群体被分为三类：$S(t)$、$I(t)$ 和 $R(t)$、$S(t) + I(t) + R(t) = 1$。当人群中传染病开始传播的时候，已被感染的个体处于 I 状态，未被感染的个体处于 S 状态，若一个易感者与一个染病者接触，就会以一定的概率变成染病者；而染病者 I 经过治疗恢复后具有终身免疫力，将长期保持 R 状态。γ 表示染病种群康复的比例系数。第一阶段的模型构建和 SI 模型一样，即在单位时间内易感者与染病者接触以概率 $\beta S/N$ 变成染病者。第二阶段的模型，染病者个体以一定概率 γ 变为免疫者，变为免疫者的个体不会再被感染或者感染别的个体。传播机制如图 2.4 所示，对每一个仓室的成员的变化率建立一个微分方程，可以得到以下 SIR 模型

$$\begin{cases} \dfrac{\mathrm{d}S(t)}{\mathrm{d}t} = -\beta S(t)I(t) \\ \dfrac{\mathrm{d}I(t)}{\mathrm{d}t} = \beta S(t)I(t) - \gamma I(t) \\ \dfrac{\mathrm{d}R(t)}{\mathrm{d}t} = \gamma I(t) \\ S(0) = S_0 > 0, I(0) > 0, R(0) = 0, S(0) + I(0) = 1 \end{cases}$$

其中，γ 为移出率系数或恢复率系数，$\dfrac{1}{\gamma}$ 为平均患病周期。

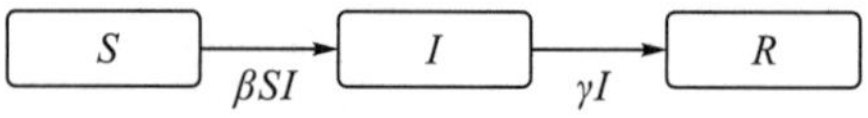

图 2.4　SIR 模型传播机制

3. SEIR 模型

有潜伏期的疾病，意思是个体在被染病者感染后不是直接变成染病个体，而是先有一段病毒潜伏期，在潜伏期的个体是没有感染力的，个体疾病痊愈后获得终身免疫力变成移出者。记染病后的平均潜伏期为 $\dfrac{1}{\omega}$，SEIR 模型传播机制如图 2.5 所示，系统如下

$$
\begin{cases}
\dfrac{\mathrm{d}S(t)}{\mathrm{d}t} = -\beta S(t)I(t) \\[2mm]
\dfrac{\mathrm{d}E(t)}{\mathrm{d}t} = \beta S(t)I(t) - \omega E(t) \\[2mm]
\dfrac{\mathrm{d}I(t)}{\mathrm{d}t} = \omega E(t) - \gamma I(t) \\[2mm]
\dfrac{\mathrm{d}R(t)}{\mathrm{d}t} = \gamma I(t) \\[2mm]
S(0) = S_0 > 0, I(0) > 0, E(0) = 0, R(0) = 0, S(0) + I(0) = 1
\end{cases}
$$

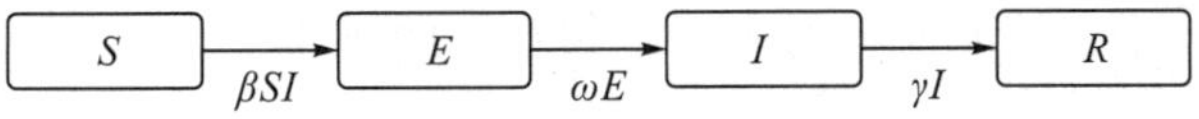

$$
\boxed{S} \xrightarrow{\beta SI} \boxed{E} \xrightarrow{\omega E} \boxed{I} \xrightarrow{\gamma I} \boxed{R}
$$

图 2.5　SEIR 模型传播机制

在以上系统的基础上，如果个体治愈后可能会被再次感染，这时系统变成了 SEIRS 模型。

2.4　基本谣言传播模型

在 20 世纪 60 年代，因为谣言的传播和疾病传播有很多相似之处，引起了许多学者的注意，开始进行谣言传播动力学研究。由于复杂网络理论的发展和繁荣，不同网络拓扑结构对传播规律的影响是复杂网络中一个共同关注的问题。下面介绍谣言传播中的一些基本模型。

2.4.1　一般模型

1965 ～1985 年，学者们对谣言传播模型做了大量的研究，其中产生了两个较为经典的模型，一个是 DK 模型，一个是 MT 模型。

DK 模型是第一个经典的谣言传播数学模型，是由 Daley 和 Kendall (1965) 提出的。在 DK 模型中，与疾病传播模型中的分类方式相似，将人群被分为三类：第一类是不知道谣言的人，与疾病传播模型中的易感者类似，记为 X；第二类是知道谣言并且传播谣言的人，相当于疾病传播模型中的染病者，记为 Y；第三类是知道谣言但不传播谣言的人，相当于疾病传播模型中的移出者，记为 Z。模型是应用随机过程中的 Markov 链来研究谣言传播的。它假设人群中有 $N+1$ 个人，在开始时刻，其中有 N 个人是没有听说过谣言的人，有 1 个

是知道谣言并传播谣言的人，人群中没有知道谣言而不传播谣言的人。即 $X(0)=N$，$Y(0)=1$，$Z(0)=0$，且 $X(t)+Y(t)+Z(t)=N+1$。不知道谣言的人转化为知道谣言的人的概率在连续时间条件下满足

$$\rho_{xy}(t)=P\{X(t)=x,Y(t)=y\,|\,X(0)=N,Y(0)=1\}$$

以上的式子在 $0\leqslant x\leqslant N$，$0\leqslant y\leqslant N$ 条件下满足方程

$$\frac{\mathrm{d}\rho_{xy}}{\mathrm{d}t}=(x+1)(y-1)\rho_{x+1,y-1}+(N-x-y)(y+1)\rho_{x,y+1}+\frac{(x+1)(y+1)}{2}\rho_{x,y+1}-y\left(N-\frac{y-1}{2}\right)\rho_{x,y}$$

当 x，y 不满足 $0\leqslant x\leqslant N$，$0\leqslant y\leqslant N$ 时，$\rho_{xy}=0$。

MT 模型是在 DK 模型的基础上修改而来的，根本在于传播规则的不同。在原来 DK 模型中，假设两个谣言传播者接触的概率 $\frac{y(y-1)}{2}$，他们接触后都会变成知道谣言但不再传播谣言的人。在 Maki 和 Thomson（1973）提出 MT 模型中，将两个传播者接触的概率改为 $y(y-1)$，而只有一个谣言传播者变为知道谣言而不传播谣言的人。因此 Maki 和 Thomson 得到了谣言传播的方程

$$\frac{\mathrm{d}\rho_{xy}}{\mathrm{d}t}=(x+1)(y-1)\rho_{x+1,y-1}+(N-x)(y+1)\rho_{x,y+1}-yN\rho_{xy}$$

Sudbury（1985）研究了 MT 模型，模型中假设一个没有听说过谣言的人接触谣言传播者会变成谣言传播者，一个谣言传播者接触另一个谣言传播者或者是知道谣言而不传播谣言的人会失去兴趣变成知谣而不传谣的人。那么在传播结束的时候人群中只会剩下不知道谣言的人和知谣而不传谣的人，他证明了总人口数趋于无穷大的时候，MT 模型中不知道谣言的人群的密度为总人口的0.203，也就是说，人群中有大约 80% 的人听说过谣言，而有 20% 的人根本没有听说过谣言。

Belen 等（2004）对经典的 MT 模型进行修正，认为初始状态时，无知者、传播者和免疫者的人群密度应该满足一定的约束条件；在此基础上，他们给出了求解无知者、传播者和免疫者人群密度的数值算法，最后还证明了算法的有效性，模拟结果表明，当人口规模较小时，估计值和真实值之间的相对误差非常小，可以忽略不计。Gani（1984, 2000）对 DK 模型和 MT 模型的谣言传播过程做了研究发现，即使是把 MT 模型简化，在计算上依然是很困难的，并建议以后的学者采用微分方程扩散模型得出较简化的结果。这些基本的谣言传播模型，虽然不可求解，也没有完全地反映谣言传播过程，但他们将疾病传播理论借用到谣言传播领域的思想是值得借鉴的，并且一定条件下，也得到了一些合理的结论，为后续谣言传播模型领域研究奠定了基础。

2.4.2 复杂网络模型

近年来，复杂网络成为一个学术界研究的新兴领域，随着复杂网络理论及应用研究的深入，学者们发现传播规律会受到网络的拓扑结构影响，不同拓扑结构的社交网络中，谣言的传播规律是有很大的区别（Pittel, 1990；Newman et al., 2002；Smith, 2002；Csányi and Szendroi, 2004；Wang et al., 2006）。许多学者认为 DK 模型和 MT 模型只适合于以往的、小规模的口耳相传的谣言传播过程，而在当今新媒体（比如微博、QQ、MSN、Facebook 等）

飞速发展的时代，任何信息的传播都不再是小规模的传播了，传播的区域、人群都比以前要广得多。复杂网络为解决这些问题提供了理论基础，使得谣言传播的研究进入了一个新的发展阶段。

最早将复杂网络理论运用到谣言传播领域的是 Zanette(2001, 2002)，其在小世界网络上建立了谣言传播 SIR 模型。在该模型中，与疾病传播模型分类方式类似，人群被分成了 3 类：没有听过谣言的谣言易感者 n_S，听过谣言并且传播谣言的谣言传播者 n_I，不再相信的谣言免疫者 n_R。传播规则也做了相应的简化，认为易感者与传播者接触则变为传播者，传播者与免疫者或者传播者接触就变为免疫者，建立 SIR 平均场方程

$$
\begin{cases}
\dfrac{\mathrm{d}n_S}{\mathrm{d}t} = -n_S \dfrac{n_I}{N} \\[2mm]
\dfrac{\mathrm{d}n_I}{\mathrm{d}t} = n_S \dfrac{n_I}{N} - n_I \dfrac{n_I + n_R}{N} \\[2mm]
\dfrac{\mathrm{d}n_R}{\mathrm{d}t} = n_I \dfrac{n_I + n_R}{N}
\end{cases}
$$

Zanette 的研究结果表明，在小世界网络中，随着谣言传播的结束，系统中最后只有没有听过谣言的易感者和听过谣言而不再传播谣言的免疫者。当整个人群的人数 $N \to \infty$ 的时候，系统在传播结束时，听过谣言而不再传播谣言的免疫者所占人群的比例稳定在大约 0.796 左右，也就是说，这个时候大概有 20%的人未曾听说过谣言。同时还得到了结论，当 n_R 落在比较大的数值区域内的时候，如果 p 增大，T 减小，n_I 和 n_R 都增大。当 n_R 落在比较小的数值区域内的时候，n_I 和 n_R 以及灭绝时间 T 的相关性是服从幂律分布的，这说明整个网络的传播过程变得非常有效率。

Moreno 等(2004)在 Daley 等人提出的谣言传播模型的基础上，研究了类似小世界网络是均匀网络上的 SIR 模型。他也把人群分为三个类型，但是他没有直接套用疾病传播模型的记号，而给谣言传播模型中的人群给出了一个标准分法，分别为没有听过谣言的人(Igorants)、谣言传播者(Spreaders)和听到谣言但并不传播谣言的人(Stiflers) 3 种类型，并用 $i(t)$、$s(t)$，$r(t)$ 分别代表在 t 时刻 3种类型在人群中的比例；并定义了两个参数 α 和 λ。α 是一个传播者在变成一个知道但不传谣的人之前所连接的传播者或知道但不传谣的人的平均次数，α 的意义就是谣言传播者对于传播谣言的兴趣和欲望程度，平均意义上他可以连接几个已经知道谣言的邻居。谣言在传播者和没有听过谣言的人之间传播，每一步都由传播者向它的一个(或者几个) 邻居节点发布信息。当接到谣言的节点是一个没有听过谣言的人的时候，后者以 λ 的概率变成一个传谣者，参数 λ 代表着信息传递过程中数据包也会丢失的情况，即并不是每次连接都会成功。而如果谣言传给了一个传播者或者听到谣言但不传播谣言的人，则前者以$1/\alpha$ 的概率变成听到谣言但不传播谣言的人。总的来说，传播者把谣言告诉给自己的一个熟人时，如果对方是不知道谣言的人，那么后者也将以概率 λ 变成一个传播者，如果后者已经知道了谣言，那么就会导致传播谣言的人对谣言传播失去兴趣，从而以概率 $1/\alpha$ 变成一个知道但不传谣的人，从而不再继续传播谣言。由此，得到谣言传播的平均场方程

$$
\begin{cases}
\dfrac{\mathrm{d}i(t)}{\mathrm{d}t} = -\lambda <k> i(t)s(t) \\[2mm]
\dfrac{\mathrm{d}s(t)}{\mathrm{d}t} = \lambda <k> i(t)s(t) - \alpha <k> s(t)(s(t)+r(t)) \\[2mm]
\dfrac{\mathrm{d}r(t)}{\mathrm{d}t} = \alpha <k> s(t)(s(t)+r(t))
\end{cases}
$$

式中，$<k>$ 表示网络的平均度，$\lambda <k>$ 为不知道谣言的人遇到传播者而被感染的概率，$\alpha <k>$ 为传播者遇到不传谣的人而变为不传谣者的概率。

接着 Moreno 等把均匀网络的谣言传播方程推广到了幂律分布的非均匀网络，得到相应的方程

$$
\begin{cases}
\dfrac{\mathrm{d}i_k(t)}{\mathrm{d}t} = -\lambda k i_k(t)\sum_{k'} \dfrac{k'P(k')s_{k'}(t)}{<k>} \\[3mm]
\dfrac{\mathrm{d}s_k(t)}{\mathrm{d}t} = \lambda k i_k(t)\sum_{k'} \dfrac{k'P(k')s_{k'}(t)}{<k>} - \alpha k s_k(t)\sum_{k'} \dfrac{k'P(k')(s_{k'}(t)+r_{k'}(t))}{<k>} \\[3mm]
\dfrac{\mathrm{d}r_k(t)}{\mathrm{d}t} = \alpha k s_k(t)\sum_{k'} \dfrac{k'P(k')(s_{k'}(t)+r_{k'}(t))}{<k>}
\end{cases}
$$

式中，$i_k(t)$、$s_k(t)$、$r_k(t)$ 分别表示连接度为 k 的人所对应处于 Ignorant、Spreader 和 Stifler 状态下的人群比例，$P(k)$ 表示网络的度分布函数。

Moreno 等的研究结果表明谣言在均匀网络中传播并不存在非零的临界值。谣言在非均匀网络中传播，最终听到谣言但并不传播谣言的人数与感染概率有着密切关系，而与传播源度值大小无关。他们的研究还表明谣言在无标度网络中比在小世界网络中传播的力度更大，范围更广。

以上是谣言传播的复杂网络模型中的基本模型，虽然模型没有能把现实生活中的谣言传播过程完整地反映出来，但是将复杂网络理论考虑到谣言传播模型中是谣言传播研究领域的一个趋势，这和现在的新媒体时代的发展是相契合的，所以考虑不同拓扑结构的网络中谣言传播的研究是很有必要的，这对了解网络的拓扑结构对谣言传播的影响有很重要的意义。

第3章　记忆累积效应演化机制

在这个新媒体飞速发展的时代,信息不再是简单的口耳相传,或者通过报纸、电视、广播等传播,而是进入了一个任何人都可能传播的新媒体时代。也就是说从以前的小区域之间的传播,变成了跨区域,甚至跨国家的传播,这就意味着谣言比以前传播得更快、更广了。这种持续的、快速的传播会加深人们对谣言的印象,提高谣言的可信度。比如,2011年日本的核泄漏事件引发的谣言,很快这些谣言传播到了许多城市。因为流传碘可以防辐射,核泄漏污染了海盐,所以人们纷纷到超市抢购碘盐。在这种极度缺乏信息的状态下,人们会感到焦虑,不断地寻找事实的真相,谣言的出现恰好能够帮助人们缓解焦虑和解释问题。在人们不能辨别信息真假的情况下,尤其是在缺乏及时的可信的信息的时候,经过大量的重复的传播之后,人们往往持有宁可相信有不可相信无的态度,许多谣言便变成了事实。针对谣言反复传播的现象,本章提出了考虑记忆累积效应的谣言传播模型,通过模型考察记忆累积效应对谣言传播的影响规律。

3.1　问　题　描　述

关于谣言传播的现有研究中,许多学者建立了关于谣言传播的模型,这些模型主要是建立在数学理论上的模型。在现有模型中,很多模型忽视了社会学、心理学方面的研究成果,而在谣言传播中,个体的心理效应是影响谣言传播的一个重要因素。记忆是认知心理学的重要内容,它代表着一个人对过去活动、感受、经验的印象累积。个体在学习和经历的基础之上产生了个体的记忆,个体所独有的记忆会让个体对新事物产生自己的判断和认识。个体的大脑中存储了以前经历过的事件,随着时间的推移,个体在新环境中面对一则新的信息时,会唤醒与该信息相关的以前的经历,尽管有时消息是模糊的、残缺的,个体依然能在记忆中找到与之匹配的片段。个体对消息的处理过程是:认识消息-与记忆进行匹配-加深理解消息,根据自己的认知对消息进行判断,决策下一步的行动。在谣言传播过程中,由于每个人的经历不同,形成的记忆内容也不同,那么对谣言的认识便是不同的,个体的记忆是社会环境和心理因素对个体产生的影响,在谣言传播中起到了非常重要的作用。

个体在受到外界因素影响的时候,一些关于记忆的心理特征是相同的。个体对谣言进行认知的过程中会受到个体心理效应的影响,从而来决定是否相信谣言。有学者提出了谣言传播中的一种心理力量——重复效应(王灿发和骆雅心,2012)。重复效应是指在谣言传播的过程中,谣言可能会重复地传播,听谣者就会不断地接收到相同的信息,通过这样的重复接收,听谣者可能会从之前不相信谣言,逐渐地开始怀疑自己的判断,最终彻底地改变,从而相信谣言。这种重复效应,最终导致了从众心理,迫于周围的压力,为了和群体保持一致,而改变自己去相信谣言。关于从众心理,在新闻传播学领域有比较多的研究成果。Deuze 和 Dimoudi(2002)采用实证分析的方法研究得到从众心理是产生源于大众口味的需求，并且认为由于网络上的新闻在新闻价值挖掘等方面能力较弱，进而使得网络新闻更容易出现从众心理。Gillmor(2003)采用博弈论的方法研究了从众现象，从众心理是由信息供给和需求双方博弈的结果。重复效应产生的原因主要是人们重复地看到听到某一个刺激物的时候，可能会从情绪上产生对物体的好感，而逐渐变成适应和喜欢。因此，重复使得人们熟悉谣言，这样可能会使得对被重复的刺激物产生良好评价。Weinberg 等(1980)等对一所大学里谣言传播的现场研究发现，当他们听到 2～3 次谣言后，他们就会更容易相信谣言并去传播它。周围的人都在传播相同的一条消息，个体在群体的压力下，会逐渐怀疑自己的判断，可能会改变自己的态度以保持和群体一致。

关于谣言传播的模型，大多数是微分方程模型，在这一类数学模型中，有一些模型考虑了与记忆相关的一些谣言传播的特性。Dodds 和 Watts(2004)建立了一个新的扩散模型，该模型可以应用于疾病传播、谣言传播和新产品扩散等。这个模型考虑了有限的记忆对扩散的影响，但是它没有考虑到记忆的重复累积过程，也就是重复效应对谣言传播的影响。Gu 等 (2008)等在谣言传播过程中引入了遗忘-记忆机制，状态之间的转换概率受到线性和指数的遗忘、记忆函数所控制，这使得网络中的个体在"拥有"谣言信息和"失去"谣言信息这两种状态之间进行转换。Zhao 等(2012a, 2013)在 SIR 模型的基础上，分别在均匀网络和非均匀网络中增加了一个冬眠者群体来反映记忆机制和遗忘机制对谣言传播的影响。Lü 等(2011)从网络的角度考虑了记忆效应对信息传播的影响。许多数学模型通过建立模型量化研究了记忆机制对谣言传播的影响，这些模型在讨论记忆机制的时候，把它当成常值参数来讨论。但是在现实生活中，人们听到谣言多次之后对谣言会有一个累积印象，这会改变个体变为谣言传播者的概率。显然这是一个累积的过程，是一个随时间变化的过程，所以记忆机制有很强的时间依赖性。此外，有文献也表明记忆机制具有重复性(Zhao et al., 2012a)，这影响到谣言传播的特性。在一个规模很小的网络里，即便是很小一部分记忆也能影响谣言的传播(Doerr et al., 2012)。

基于这些思想，借鉴已有的研究成果和方法，本章将建立考虑记忆累积效应的谣言传播模型，进而研究记忆累积效应对谣言传播的影响，并在此基础上提出谣言控制策略。在经典的 SIR 谣言传播模型中，人群是被分成三类，分别为不知者、传播者和抑制者。为了反映记忆机制对个体的影响，因此加入了一个新的群体，称为潜伏者，描述个体的判断状态，来体现记忆累积效应对谣言传播的影响。假设每个个体一旦接触到谣言，便以概率 1 变为潜伏传播者。即加入了传播规则：当一个不知者遇到传播者时，不知者以概率 1 变为潜伏者。进一步分析记忆累积效应随时间变化的规律，建立函数关系式，以及谣言传播模型。

3.2　模 型 建 立

在中国有一个典故叫"三人成虎"，意思是三个人谎报大街上有老虎，听的人就会认为是真的了。比喻谣言被不断地重复，就能使人们相信谣言是事实了。在西方有一个相似的谚语，德国政治家 Goebbels 曾说："谎言重复一千遍就是真理"。总的来说，人们听到谣言次数多了，便会相信它是真的。下面将建立了一个函数来反映这种重复的作用——记忆的累积效应，并建立模型研究记忆累积效应对谣言传播的影响。

3.2.1　记忆累积效应函数

在信息传播理论中，从社会心理学角度和复杂网络传播理论角度对信息传播的模式进行了分析仿真。有学者在研究记忆在信息传播中的影响机制的时候，将人群分为四个群体 (Lü et al., 2011)，分别为不知者、知道者、支持者和疲倦者。其中，不知者指的是人群中从来没有听说过消息的人；知道者指的是人群中知道这个消息，但是不愿意传播消息的人，因为他们怀疑消息的真实性；支持者是指支持这个消息，并且在社交网络中传播消息的人；疲倦者是指传播过这个消息后，个体对这个消息产生厌倦感，而不再传播这个消息。将人群分成这四个群体的原因是个体在接收到消息的时候有一个判断的过程，所以在传统的人群分类方法中加入了知道者这一类。谣言传播属于信息传播理论中的一个研究领域，但是谣言具有其传播的特性。近年来，学者们越来越关注谣言其本身的特性及在其传播过程中的特性，并进行了相关的研究。

下面根据以上问题描述的谣言的特性，结合在信息传播方面的学者的成果，类似地将谣言传播中的群体分为 4 个类型。谣言的传播是通过和他人的联系进行的，假设谣言在一个含有 N 个顶点和 E 条边的网络里传播，在每一个时间点，每个人可能处于以下四种状态中的一种。①不知者 $[S(t)]$ ——是指人群中从来没有听说过谣言的人，不知者对谣言的传播没有抑制能力；②潜伏者 $[E(t)]$ ——是指人群中知道谣言，但是没有传播谣言的人，因为他们正力图去辨别谣言的真假；③传播者 $[I(t)]$ ——指的是知道谣言，并且在社交网络中传播谣言的人；④抑制者 $[R(t)]$ ——是指曾经传播过谣言，因为本身的认知或者对谣言产生厌倦感，而不再传播谣言。

个体在听到谣言很多次后，会对谣言有一个累积印象，反复地听到同一则谣言，个体可能会从根本不相信谣言变为相信谣言，即意味着个体从潜伏者转化为传播者的可能性会变大。在这里，把这种现象称为记忆的累积效应。在谣言传播过程中，记忆的累积效应会影响到一个潜伏者，变为一个传播者的概率。在信息传播理论中，lü 等 (2011) 建立了一个函数来描述个体在收到信息 m 次之后个体变为信任信息的概率，此概率与收到信息的次数有关。事实上，因为 m 是时间的函数，将以上函数转化为时间的函数。也就是说个体信任谣言的概率是时间的函数，下面来确定这个函数的具体形式。

首先分析潜伏者的改变过程。从微观的角度来看，在 t 时刻，不是所有潜伏者的状态都发生了改变，有的潜伏者变成了传播者或者抑制者，但是有的却继续保持潜伏者状态，可能会在接下来的时间里变为传播者或者抑制者。假设每个时刻所产生的新的潜伏者中有一部分潜伏者，直到谣言传播结束仍为潜伏者。这个假设是符合现实情况的，在现实生活中，总有些个体会花很长的时间去考虑与判断。由于记忆的累积效应，潜伏者变为传播者的概率是随时间变化的，记为 $p(t)$。为了简化问题，假设潜伏者转换为抑制者的概率为常数 p_2，这样就能够确定每一个时间点潜伏者的变化过程，潜伏者随时间的变化图如图 3.1 所示，

E_{i1} 表示在第 i 个时刻新的潜伏者数量，$E_{ij}(j \neq 1)$ 表示 E_{i1} 在第 j 次的残留，在第 i 时刻的潜伏者的总量是 $E(i) = E_{i1} + E_{i-1,2} + E_{i-2,3} + \dots + E_{2,i-1} + E_{1i}$。例如，$t=3$ 时刻的潜伏者总量为 $E(3) = E_{31} + E_{22} + E_{13}$。在下文中，将仔细介绍 $p(t)$。

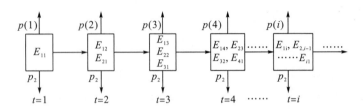

图 3.1　潜伏者随时间的变化图

随着个体收到谣言的次数的增多，个体认为谣言真实的可能性就增大，这个可能性增大到一定的程度将不再增大(Lü et al., 2011)。所以随着时间的变化，残留的潜伏者收到谣言的次数会渐渐增多。因为概率 $p(t)$ 反映的是所有的潜伏者转换为传播者的一个平均水平，这包含了 t 时刻之前残留的潜伏者和 t 时刻新加入的潜伏者，根据以上分析，所以这个平均水平会受到记忆累积效应的影响而渐渐地增加，到一定的时候会趋于一个固定的常数。

在以下的分析中，将分析概率 $p(t)$ 怎样变大，最后又趋于一个稳定值。图 3.2 显示了每个部分的潜伏者变为传播者的概率。$p_{j,h}$ 表示潜伏者 $E_{j,h}$ 变为传播者的概率(其中，$j,h = 1,2,3,\cdots$)。首先，先证明一个引理。

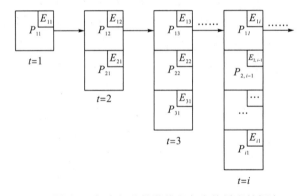

图 3.2　每个部分的潜伏者变为传播者的概率

【引理 3.1】　在谣言传播过程中，存在时刻 $t = m$，使得在 $t = m$ 之前有 $p_{1,k} \leqslant p_{2,k} \leqslant p_{3,k} \leqslant \dots \leqslant p_{i,k}(i,k = 1,2,3,\cdots, i+k \leqslant m)$，$p_{j,1} \leqslant p_{j,2} \leqslant p_{j,3} \leqslant \dots \leqslant p_{j,h}$ $(j,h = 1,2,3,\cdots, j+h \leqslant m)$。

证明：根据谣言传播的理论，在谣言传播的开始阶段，因为谣言的传播，传播者的数量会不断增多。但随着谣言的继续传播，传播者的数量达到一定的峰值便开始下降，最后传播者的数量变为 0，谣言也就终止传播了。

因此，在传播者达到峰值之前，随着传播者的增加，潜伏者接收到谣言的可能性也会渐渐增加。假设在时刻 $t = m$ 传播者达到峰值，则在 $t = m$ 时刻之前，潜伏者变为传播

者 的 概 率 均 在 增 加 。 因 此 有 $t=m$, 在 $t=m$ 之 前 , 有 $p_{1,k} \leqslant p_{2,k} \leqslant p_{3,k} \leqslant \cdots \leqslant p_{i,k}$ $(i,k=1,2,3,\cdots,i+k \leqslant m)$, $p_{j,1} \leqslant p_{j,2} \leqslant p_{j,3} \leqslant \cdots \leqslant p_{j,h}(j,h=1,2,3,\cdots,j+h \leqslant m)$ 。

因为 $p(t)$ 是针对所有的潜伏者而言,在 t 时刻潜伏者转换为传播者的概率,其中包括 t 时刻以前残留的潜伏者,和在 t 时刻新加入的潜伏者,所以证明以下定理。

【定理 3.1】 随着时间的变化,概率 $p(t)$ 会变得越来越大,最后会趋于一个稳定值 q 。

证明:首先证明,概率 $p(t)$ 会变得越来越大。用数学归纳法来证明,根据引理可得

当 $i=1$,则

$$p(2)=\frac{p_{12}E_{12}+p_{21}E_{21}}{E_{12}+E_{21}} > \frac{p_{11}E_{12}+p_{11}E_{21}}{E_{12}+E_{21}}=\frac{p(1)E_{12}+p(1)E_{21}}{E_{12}+E_{21}}=p$$

当 $i=2$,则

$$p(3)=\frac{p_{13}E_{13}+p_{22}E_{22}+p(31)E_{31}}{E_{13}+E_{22}+E_{31}} > \frac{p_{13}E_{13}+p_{22}E_{22}+p_{11}E_{31}}{E_{13}+E_{22}+E_{31}}$$

$$> \frac{p_{12}E_{13}+p_{12}E_{22}+p(1)E_{31}}{E_{13}+E_{22}+E_{31}}=\frac{p_{12}(E_{13}+E_{22})+p(1)E_{31}}{(E_{13}+E_{22})+E_{31}}=p$$

当 $i=3$,则

$$p(4)=\frac{p_{14}E_{14}+p_{23}E_{23}+p_{32}E_{32}+p_{41}E_{41}}{E_{14}+E_{23}+E_{32}+E_{41}}$$

$$> \frac{p_{14}E_{14}+p_{23}E_{23}+p_{32}E_{32}+p_{11}E_{41}}{E_{14}+E_{23}+E_{32}+E_{41}}$$

$$> \frac{p_{13}E_{14}+p_{13}E_{23}+p_{22}E_{32}+p(1)E_{41}}{(E_{14}+E_{23})+E_{32}+E_{41}}$$

$$> \frac{p_{13}(E_{14}+E_{23})+p_{22}E_{32}+p(1)E_{41}}{(E_{14}+E_{23})+E_{32}+E_{41}}=p$$

假设 $i=k$ 结论成立,有

$$p(k)=\frac{p_{1,k}E_{1,k}+p_{2,k-1}E_{2,k-1}+p_{3,k-2}E_{3,k-2}\cdots+p_{k,1}E_{k,1}}{E_{1,k}+E_{2,k-1}+E_{3,k-2}+\ldots+E_{k,1}} > p(k-1)$$

当 $i=k+1$ 时,有

$$p(k)=\frac{p_{1,k+1}E_{1,k+1}+p_{2,k}E_{2,k}+p_{3,k-1}E_{3,k-1}\cdots+p_{k+1,1}E_{k+1,1}}{E_{1,k+1}+E_{2,k}+E_{3,k-1}+\ldots+E_{k+1,1}}$$

$$> \frac{p_{1,k}(E_{1,k+1}+E_{2,k})+p_{2,k-1}E_{3,k-1}\cdots+p(1)E_{k+1,1}}{(E_{1,k+1}+E_{2,k})+E_{3,k-1}+\ldots+E_{k+1,1}} > p(k)$$

由此,随着时间 t 的增加,由于记忆的累积效应,潜伏者变为传播者的概率 $p(t)$ 会变得越来越大。作为接收信息次数函数的概率 $p(m)$ 无限地趋于一个稳定值(Lü et al., 2011)。因此,当累积记忆达到一定的程度的时候,$p(t)$ 也会趋于一个稳定值 $q(q \leqslant 1)$ 。

鉴于以上分析,受到记忆累积效应的影响,潜伏者转化为传播者在 t 时刻的概率 $p(t)$ 为

$$p(t)=(p-q)e^{-c(t-1)}+q$$

式中, p 、 q 、 c 这三个参数是反映记忆累积效应的特征。

p 是在 $t=1$ 的时候记忆效应函数 $p(t)$ 的初始值，是潜伏者变为传播者的初始概率。p 越大，表示个体越容易记得谣言比如当引发谣言的事件很重要时。q 是个体转化为传播者的最大概率，且 $q \leqslant 1-p_2$，$q \in (0, 1]$。随着时间的变化，$p(t)$ 会无限地接近 q。参数 c 可以称为记忆的速度，c 反映 $p(t)$ 达到最大值 q 的速度。记忆效应概率 $p(t)$ 是随时间改变的函数。在此，没有考虑记忆的消退，并假设谣言传播的速度比记忆衰退的速度要快。图 3.3 展示了给出不同的参数 c，固定 $p_2 =0.1$，$p(1)=0.05$，即 $q=0.9$，$p=0.05$ 时，转化概率 $p(t)$ 随时间变化的图。

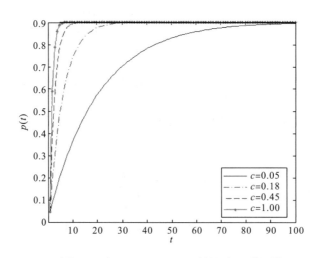

图 3.3　当 p=0.05，q=0.9 时的记忆函数图像

3.2.2　传播模型

通过以上分析，因为在三个群体中加入了一个新的群体潜伏者，以反映记忆累积效应中的判断状态。记 $S(t)$、$E(t)$、$I(t)$、$R(t)$ 分别表示在 t 时刻不知者、潜伏者、传播者和抑制者在人群中所占的比例，他们满足归一化条件 $S(t)+E(t)+I(t)+R(t)=1$。整个谣言传播过程的示意图如图 3.4 所示，同时可以将图中的谣言传播规则总结如下所示。

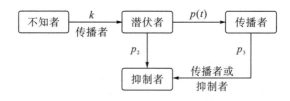

图 3.4　谣言传播过程示意图

（1）假设每一个人都需要去判断谣言的真实性，因此当不知者遇到传播者的时候，不知者以概率 1 变为潜伏者。假设不知者与传播者接触的概率为 k，因此，不知者减少的速度 $\dfrac{\mathrm{d}S(t)}{\mathrm{d}t}$ 与不知者所占比例 $S(t)$ 和传播者所占比例 $I(t)$ 成正比，于是可以得到以下微分方程

$$\frac{\mathrm{d}S(t)}{\mathrm{d}t} = -kS(t)I(t) \tag{3.1}$$

(2) 潜伏者以概率 $p(t)$ 变成传播者，并且以概率 p_2 变成抑制者，这个概率受到了个体的知识背景、认知、经历等等个体因素的影响。例如，一个潜伏者有很强的知识结构，很强的逻辑推理能力，也就是说概率 p_2 会比较大 (Einwiller and Kamins, 2008)，那么他可能对谣言很难产生兴趣。因为当不知者与传播者接触的时候，不知者变为潜伏者的概率为 1，因此潜伏者增加的速度 $\mathrm{d}E(t)/\mathrm{d}t$ 等于

$$\frac{\mathrm{d}E(t)}{\mathrm{d}t} = kS(t)I(t) - p(t)E(t) - p_2E(t) \tag{3.2}$$

(3) 当两个传播者相遇，他们可能会发现两条信息不一致，那么他们都会停止传播。当一个传播者与一个抑制者相遇的时候，因为抑制者对消息不感兴趣，那么传播者可能会停止传播。假设在这两种情况下由传播者变成抑制者的概率均为 p_3 (Huo et al., 2012)，且假设接触率仍为 k。因此，传播者减少的速度 $\dfrac{\mathrm{d}I(t)}{\mathrm{d}t}$ 与传播者所占的比例 $I(t)+R(t)$ 成正比，结合式 (3.1) 可得微分方程

$$\frac{\mathrm{d}I(t)}{\mathrm{d}t} = p(t)E(t) - kp_3I(t)(I(t)+R(t)) \tag{3.3}$$

(4) 抑制者增加的速度 $\dfrac{\mathrm{d}I(t)}{\mathrm{d}t}$ 与传播者所占的比例 $I(t)$ 成正比，再结合式 (3.2)、式 (3.3) 可得微分方程

$$\frac{\mathrm{d}R(t)}{\mathrm{d}t} = kp_3I(t)(I(t)+R(t)) + p_2E(t) \tag{3.4}$$

基于以上的讨论，将反映记忆累积效应的函数加入一般的谣言传播模型，与一般的谣言传播模型不同的是，反映记忆机制的转化概率是一个随时间变化的函数，不再是一个常数，这显然更加符合现实情况，因为随着时间的变化，个体对谣言的印象是有变化的，以上分析证明了变化的规律。因此，整合式 (3.1)～式 (3.4) 考虑记忆累积效应的变参数谣言传播模型为

$$\begin{cases} \dfrac{\mathrm{d}S(t)}{\mathrm{d}t} = -kS(t)I(t) \\[2mm] \dfrac{\mathrm{d}E(t)}{\mathrm{d}t} = kS(t)I(t) - p(t)E(t) - p_2E(t) \\[2mm] \dfrac{\mathrm{d}I(t)}{\mathrm{d}t} = p(t)E(t) - kp_3I(t)(I(t)+R(t)) \\[2mm] \dfrac{\mathrm{d}R(t)}{\mathrm{d}t} = kp_3I(t)(I(t)+R(t)) + p_2E(t) \\[2mm] S(0)=S_0, E(0)=0, I(0)=1-S_0>0, R(0)=0 \end{cases} \tag{3.5}$$

由此，对以上系统而言，已有的考虑记忆机制的模型都为以上模型的特殊情况。在谣言传播的初期，整个系统里只有不知者和传播者。谣言传播终止的时候，谣言的影响结束，也就是说在这时谣言消失，系统里只有不知者和抑制者，系统中各人群处于一个稳定状态，各人群所占的比例值稳定，这个稳定的比例值即为系统的平衡点。

3.3 仿 真 分 析

利用 MATLAB 软件分别在人工网络和在线社交网络中作仿真分析。首先检查传播者和抑制者密度是随着参数的变化规律。接着，讨论网络的平均度对网络的影响。最后比较反映记忆的概率分别为常数和变量时的谣言传播过程。

3.3.1 参数分析

为了比较结果，选择了在三个经典网络中进行，分别为规则网络、ER 随机网络和 BA 网络。设定三个网络具有相同的人口总数 N =10000 和相同的平均度 $<k>$=16。下面介绍三种网络的构造方法。

(1)规则网络(Watts and Strogatz, 1998)。这是一个最近邻耦合网络，其中每一个节点都与它周围的邻居节点相连接，每一个节点都具有相同的度。

(2)ER 随机网络(Erdös and Rényi, 1959)。孤立点中两个不同的点以概率 p =0.0016 连接，如果有 N 个孤立点，那么按这种方式连接，可以得到 $\dfrac{pN(N-1)}{2}$ 条边的 ER 随机网络。ER 随机网络的度分布近似服从参数为 $<k>=pN$ 的 Possion 分布。

(3)BA 网络(Barabasi and Albert, 1999)。这个网络是度分布服从幂律分布 $p(k)=k^{-\gamma}$ 的网络。

首先，在固定其他参数的情况下，取不同的参数 c ，比较谣言在两个网络中的传播情况。c 越小，则 $I(t)$ 增加的速度就越慢。在这里取 c =0.05、c =0.1、c =0.5。图 3.5 显示了传播者和抑制者在规则网络中随时间变化的情况。从宏观的角度看，可以发现 c 越大，$I(t)$ 的峰值就越高。因为更大的 c 表示 $p(t)$ 趋于最大值 q 的速度更快，所以随着 c 的增加，抑制者的数量也在增加。图 3.5(a)描述的是随着参数 c 的变化，传播者密度的变化。图 3.5(a)中，长虚线(c=0.5)当记忆速度比较快的时候传播者的变化情况。通过仔细地检查，发现仿真结果对参数 $c \geq 0.5$ 时比较敏感。从图 3.5 中可以看出，c 越大，传播者的峰值就越大，谣言终止得越慢。图 3.5(b)显示的是抑制者随时间变化的曲线。当 c 越大的时候，抑制者的数量越大，这表示这时人群受到谣言影响的人越多。总的来说，当其他参数固定的时候，c 越大，谣言传播的影响力就越大。越大的 c 代表概率 $p(t)$ 会以更快的速度达到最大值，那么更少的传播者变为抑制者，因此谣言的影响力增加。

图 3.6 和图 3.7 显示的是在 ER 随机网络和 BA 网络中，针对不同的参数 c ，传播者和抑制者随时间变化的曲线图。与规则网络中类似，c 越大，谣言传播得更快更广。但是，在随机网络中，记忆的累积效应对谣言传播的影响更大。图 3.6(a)是传播者的密度随参数 c 变化的曲线图。在相同的情况下，c 越大，比起规则网络，谣言在随机网络中传播得更快。也就是说，随机网络中的谣言传播对参数 c 更敏感,这和网络的拓扑结构有关。从图 3.7(a)可以看出，在相同的情况下，谣言在 BA 网络中传播得更快，随机网络次之，在规则网络中传播得更慢。并且可以看到 $I(t)$ 的密度满足以下关系式 BA >ER 随机>规则网络。这个

结果和疾病传播及信息传播的结论是一致的(Zanette, 2001)。图3.7(b)描述的是抑制者随参数 c 变化的图形。当参数 c 固定的时候，可以看到在 BA 网络中，谣言传播得最快，抑制者最后的数量也更大。总的来说，对于所有的网络，当其他参数固定的时候，c 越大，谣言的影响力越大。

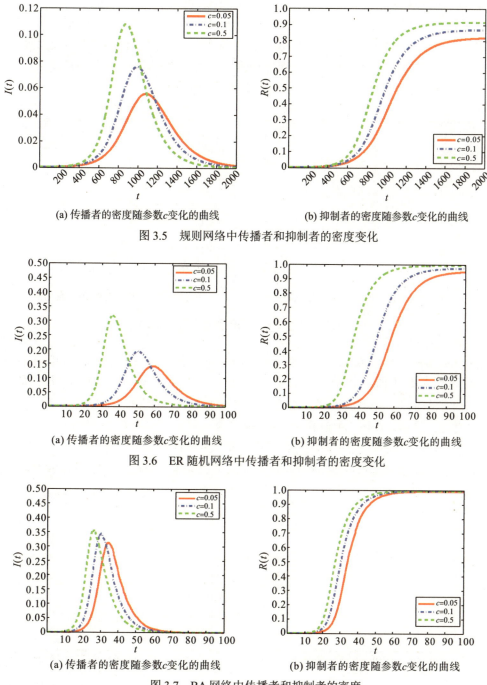

(a) 传播者的密度随参数c变化的曲线   (b) 抑制者的密度随参数c变化的曲线

图 3.5 规则网络中传播者和抑制者的密度变化

(a) 传播者的密度随参数c变化的曲线   (b) 抑制者的密度随参数c变化的曲线

图 3.6 ER 随机网络中传播者和抑制者的密度变化

(a) 传播者的密度随参数c变化的曲线   (b) 抑制者的密度随参数c变化的曲线

图 3.7 BA 网络中传播者和抑制者的密度

　　因为 BA 网络和现实的社交网络的拓扑结构较相似，故在分析参数 p，q 对谣言传播的影响时选择在 BA 网络里分析。图 3.8(a) 表示在 BA 网络中，传播者的密度随着参数 q 变化的曲线图。在其他参数固定时，参数 q 越大，谣言的影响力就越大。因为 q 是潜伏者转换为传播者的最大转化概率，那么随着 q 的增加，就会有更多的潜伏者转化为传播者。随着传播者的增加，谣言的影响力也就增大了。图 3.8(b) 表示在 BA 网络中，传播者的密度随着参数 p 变化的曲线图。在其他参数固定时，参数 p 越大，谣言的影响力就越大。p 是潜伏者转化为传播者的初始概率，p 越大，表示个体认为谣言的可信度较高，或者谣言的吸引力较大等，使得个体会以较大的概率转化为传播者，所以增强了谣言传播的影响力。总的来说，p、q 越大，越能促进谣言的传播，但是参数 p 对谣言传播的影响较小。

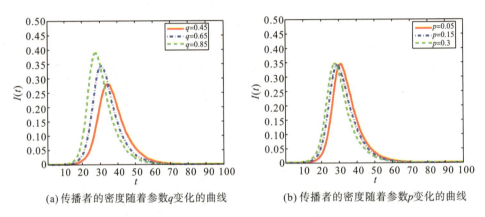

(a) 传播者的密度随着参数 q 变化的曲线　　　　(b) 传播者的密度随着参数 p 变化的曲线

图 3.8　p，q 不同时传播者的密度变化

　　图 3.9 给出了当 $c=0.1$ 时，随着网络平均度的变化，谣言在规则网络和随机网络中传播影响的人群比例变化图。在随机网络中，因为平均度 $<k> = P(N-1) \approx PN$，所以当 N 一定的时候，分析随机网络的平均度就相当于分析网络的连接度。图 3.9(a) 和 (b) 有相似之处。显然，在图 3.9(a) 和 (b) 中，R 都是随着平均度的增加而增加。但是针对相同的平均度，在随机网络中最后的传播范围要更大。从曲线还可以看到，在平均度很小的时，$<k>$ 的一点变化都可以使得 R 剧烈地增长。也就是说，当 $<k>$ 很小时，R 对 $<k>$ 很

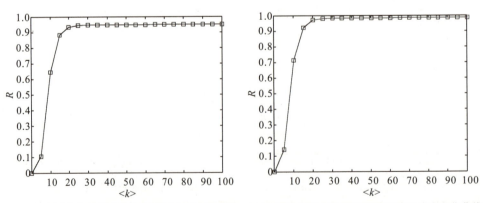

(a) 规则网络中抑制者的密度随平均度变化曲线　　(b) 随机网络中抑制者的密度随平均度变化曲线

图 3.9　规则网络和随机网络中抑制者随平均度变化的密度

敏感。因为两个网络的拓扑结构的不同，在随机网络中，平均度 $<k>$ 的变化对谣言传播的影响更大。而对于较大的 $<k>$ ，随着 $<k>$ 的改变，R 的变化程度较小，也就是说当平均度较大的时候，R 对平均度不敏感。仔细地检查运行，得出了这样的一个结果，当 $<k>$ 达到一定的值的时候，R 最后会等于 1，即这个时候，所有的人都听说过谣言。总的来说，当 $<k>$ 较小的时候，R 的值对 $<k>$ 较敏感，当 $<k>$ 较大的时候，则没有那么敏感了。

3.3.2 比较分析

为了研究记忆的累积效应在真实的社交网络上对谣言传播的影响，模型在新浪微博抓取的网络上去仿真谣言传播的过程。这个网络是由 Yuan 等在新浪微博上爬虫得到的 (Yuan and Liu, 2013)。该网络含有 118, 517 个点和 2, 728, 213 条边，它的度分布满足幂律分布 $p(k) \sim k^{-\gamma}, \gamma = 1.43$。选择这个网络的原因是数据是已知的，并且和其他的在线社交网络相似。

图 3.10 反映的是当 $c=0.1$ $p=0.05$，$q=0.65$，$p_2=0.15$，$p_3=0.17$ 时，四个状态的人群的密度变化。从仿真的图形来看，在谣言传播的初始阶段，传播者的数量急剧地增长。随着谣言的传播，传播者的数量在 $t=30$ 的时候很快达到峰值，随后又开始下降。最后，传播者的数量变为 0，谣言传播终止。随着时间的变化，不知者的数量不断地减少，抑制者的数量不断增加，在谣言传播结束时，它们达到一个平衡状态。从图 3.10 可以看到，在 $t=70$ 的时候，几乎所有的个体都变成了抑制者。潜伏者的变化趋势和传播者的变化趋势是类似的，只是它的变化趋势比传播者的变化趋势更缓和，它的峰值也小于传播者的峰值。

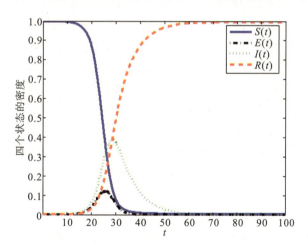

图 3.10 当 $c=0.1$，$p=0.05$，$q=0.65$，$p_2=0.15$，$p_3=0.17$ 时四个群体的密度变化

图 3.11 是当记忆累积效应概率为常数和一个变参数的对比图。从图 3.11(a) 可以看到，若记忆概率为一个变量的时候，传播者的峰值要更高一些。同时从 3.11(b) 可以看出，当记忆概率为一个变量时，抑制者的最终值也要稍微大一些，也就是说，人群中受谣言传播影响的人更多。从两个图都可以看出，当记忆概率为函数的时候，谣言更快达到峰值，这表明变参数 $p(t)$ 加入模型，加快了谣言传播的节奏。总之，谣言在变参数的情况下要传

得更快，且广度略有增加。在真实的社交网络中，开始传播谣言的人数是比较少的，但是谣言之所以能在社交网络中传播得更快更广，那是因为社交网络具有高聚类系数，这意味着模型中的潜伏者接触到谣言的可能性比较大。谣言通过朋友传播开来，随着传播的深入，因此人们对事实的认识变化，或者人们失去对谣言的兴趣等，所以谣言的传播渐渐冷却，最后传播者逐渐消失，全部都成为抑制者。

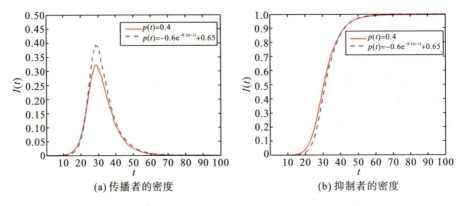

图 3.11   记忆累积效应概率为常数和函数时传播者和抑制者的密度

3.4 结 果 分 析

记忆的累积效应对谣言的传播起了重要的作用。虽然在一些谣言传播模型中考虑了记忆的影响，但是没有考虑记忆的累积效应。也就是说在现有的模型中，是用常值参数来反映记忆因素，而没有考虑在谣言传播的过程中，记忆作用随时间的累积变化。为了使得模型更符合现实，在人群分类的时候加入了一类群体潜伏者，以刻画记忆的累积效应对个体的影响；并建立一个随时间变化的反映记忆累积效应的函数，以此建立谣言传播模型。现有的考虑记忆机制的模型即为本章所建的模型的一种特殊情况。

在社交网络上，比较了提出的模型和传统的模型的结果，结果显示函数 $p(t)$ 的加入使得谣言传播得更快更广了。这还仅仅是在新浪微博上抓取的一个小网络，那么在整个真实的网络上，对谣言传播的影响会更大。也就是说参数为常数的模型去刻画现实中的谣言传播，可能会低估谣言的影响力。在模型中没有考虑到谣言的所有特征，比如说遗忘机制 (Zhao et al., 2012a)、非冗余接触(Lü et al., 2011)等，但是，最详尽地考虑了记忆的累积效应。通过分析发现，在随机网络中的谣言传播更易受记忆速度参数 c 的影响。同时随机网络中谣言传播比在规则网络中传播更有效，这点和 Zanette 的结论是一致的。此外，在分析平均度对谣言传播的影响的时候，高的平均度更有利于谣言的传播。这是因为高的平均度意味着用户会拥有更多的朋友，那么传播者就有更多的机会接触到不知者，使得传播更容易。但是，当平均度很小的时候，平均度的变化对谣言传播的影响较大，对于较大的平均度则没有什么影响了。因为网络平均度比较大，那么谣言很快就会传开，整个人群很快都会听到谣言，所以平均度达到一定的程度后，对谣言在人群中的传播不再有影响。

3.5　策略分析

当今社会常常发生自然或者人为的突发事件，而这些突发事件的发生往往涉及人民群众的生命安全、财产安全等切身利益。当突发事件发生的时候，人们急切需要得到与事件相关的信息，急切地想知道事件发生的原因以及事件的进展，但是这时往往缺乏信息的来源，由此引起了社会的不安，为谣言爆发提供了温床。

当个体反复从周围的"邻居"接收到谣言后，会认为周围的人都相信这条消息，从而给个体造成一种群体压力，迫于这种群体压力，个体便会相信谣言。本章讨论了记忆的累积效应对谣言传播的影响，政府应该利用谣言传播的特性来控制谣言的传播。谣言传播中的重复现象是信息重复传递的过程，谣言信息的不断重复会让传播者对谣言的内容产生强烈的兴趣。持续重复的传播会加深人们对信息的印象，并且在一定程度上提高信息的可信度。也就是说，谣言被重复得越多，就会显得越可信。因为谣言是在不断的重复中获取生存的力量的，所以官方也应利用记忆的累积效应，不断地辟谣，以此在重复的过程中吸引公众的注意。因此，当遇到突发事件的时候，政府应该高频率地发布官方信息来保证官方信息持续不断的传播，这样可以缓解社会的恐慌，避免谣言在人群中的传播。政府在事情发生的初始阶段，很可能对事件的原因、发展情况也不是很清楚，但是为了避免谣言反复地传播，政府应该提高发布官方信息的频率，不断刷新进展。

此外，从上文的分析结果来看，如果谣言在网络中传播泛滥的时间越快，谣言便会影响到更多的人。也就是说，谣言在传播过程中以较短的时间就达到高峰的情况下，到谣言终止时，人群中受到谣言影响的人更多。那么，控制谣言的传播速度也是控制谣言的一个重要方法。官方在控制谣言的时候其实是很艰难的，要想彻底消灭谣言是非常困难的，但是控制谣言传播进程的快慢是相对容易的。因此，当突发事件发生后，政府应该注意控制舆情，防止谣言突然地大肆泛滥，如果不能完全地消灭谣言，也要控制谣言让其缓慢地传播，否则会在短时间内影响到很多人，这样对政府发布官方消息辟谣是不利的。

在分析网络平均度对谣言传播的影响时，得到高的平均度更有利于谣言的传播。因为高的平均度的用户拥有更多的邻居朋友，所以在高平均度的点传播谣言，相比其他点，他会把谣言传播给更多的不知者，使得谣言整体传播更容易。社会关系为信息流提供了可重复的通信渠道，人们通常也只愿意与熟悉的人进行信息传递 (Tasi and Ghoshal, 1998; Collins, 2001)。因为在突发事件发生的情况下，很多信息是个体无法亲自去证实的，在这种情况下，个体会对自己的"邻居"产生依赖感，对自己熟悉的人证实和认同的信息产生信任感 (Garrett, 2011)。借用疾病传播理论中的目标免疫策略，即对网络中的关键节点进行免疫以达到阻止疾病传播的办法。在谣言传播网络中，可以选择网络中度比较大的节点，切断此节点与其他人的联系，从而达到对谣言传播的控制。

3.6　本　章　小　结

在加入新群体潜伏者的基础上，提出了考虑记忆累积效应的谣言传播模型。记忆的累积效应反映的是谣言传播的重复性，随着记忆的累积，潜伏者变为传播者的概率会逐渐变大，最后趋于一个常数。因此，这个反映记忆作用的转化概率不应该是一个常数，而应是一个关于时间的函数，故本章建立了函数 $p(t)$ 来刻画记忆的累积效应，函数 $p(t)$ 同时也表示潜伏者变成传播者的概率，然后将这个函数加入谣言传播模型中，得到了变参数谣言传播模型。

本章模型分别在规则网络、ER 随机网络和 BA 网络中做了仿真分析，探讨了记忆的速度对谣言传播的影响。仿真的结果表明，记忆的速度 c 越快，传播者的峰值就越大。结果表示，随机网络对参数 c 更加敏感，但是谣言在 BA 网络中影响力更大。同时对初始记忆概率参数 p 和最大的记忆概率 q 进行分析，可以看到越大的 p 和越大的 q 都会使谣言传播得更快、更广，但是初始的记忆概率对谣言传播的影响较小。在考察平均度对谣言传播的影响的时候，发现当平均度较小时，平均度的变化对谣言影响较大，而当平均度较大时影响很小或者基本没有影响。最后，本章在新浪微博抓取的网络上比较了当模型参数为常数的时候和模型参数为函数的时候的谣言传播过程。在其他条件都相同的情况下，得到当参数为函数的时候，谣言传播得更快更广。最后，并在以上分析结果的基础上提出了政府控制谣言的策略。

第4章 事件模糊性影响机制

在谣言传播过程中，引发谣言的事件本身的特性对谣言的传播起了非常重要的作用。尤其是在突发事件发生后，由于事件发生得太突然，没有及时的相关消息公开，突如其来的事件打破了公众的稳定生活状态，公众对自己所处的周边环境产生强烈的不确定感，急需与事件相关的信息来消除这种不安和焦虑，这就给了谣言滋生提供了可乘之机。

一般情况下，事件越模糊，产生谣言的可能性就越大，随之谣言传播产生的影响也就越大。在这种非常模糊的状态下，因为往往没有可信赖的信息，所以人们倾向于去编造一些信息来填补心理的空缺与恐惧。比如，2014年的马来西亚航空的 MH370 航班失联事件，由于整个事件一直处于模糊状态，事件的模糊性使得真相扑朔迷离，这种情况往往能激起个体的好奇心和探索真相的兴趣，所以产生很多与之相关的谣言，并被公众广泛传播。在 1947 年，社会学家 Allport 和 Postman 提出谣言的影响力与事件的模糊性成正比。下面本章将考虑事件本身的特性——模糊性对谣言传播的影响，研究事件模糊性影响下的谣言传播规律，提出应对谣言传播的策略和建议。

4.1 背 景 介 绍

突发事件的发生往往会伴随着谣言的传播。这是因为事情发生得很突然，官方媒体还没来得及对事件进行报道，或者是考虑一些其他的因素而没有报道相关细节。在缺乏信息的情况下，人们处于一种模糊的环境中，会产生焦虑的情绪，为了缓解这种情绪，有人便会制造信息来填补信息的空缺，谣言便在人们的信息交互过程中产生了。因此突发事件的发生使得人们产生焦虑不安情绪，这为谣言的滋生提供了温床。人们对自己所处的环境一无所知的时候，这种强烈的恐惧和不安情绪会影响人们对环境模糊性的承受能力。这会使得人们本来的承受能力减弱，失去原本的理性的判断能力，可能会做出一些非理性行为。传播谣言便是缓解不安的一种方式，但是用谣言来缓解人们的焦虑情绪会给社会带来严重的后果，因为每个人都需要释放压力，缓解情绪紧张，谣言便会迅速地蔓延开来。当突发事件发生后，人们最初会向正式渠道的媒体寻找信息，Shibutani (1966) 在对谣言进行分析的时候，提到当来自正式渠道的信息不可信或缺乏信息的时候，这时人们会转而寻找其他非正式的媒体来填补信息的空白。因为新媒体的匿名性、即时性等特点，许多来自非正式媒体的信息，比如 QQ、微信、微博等新媒体，这些信息带有很多推断的成分，人们可以随意发表根据自己的认知对事件的情况进行推测，以解释心中的疑惑，由此便产生了谣言。比如，"7·23 甬温线特别重大铁路交通事故"发生的时候，人们非常想知道事故发生的原因，事故造成的伤亡程度等，人们努力地从混沌的状态中抽取清楚的含义，从而摆脱信息的模糊性(Difonzo and Bordia, 2006)。从而在这种混沌的状态下，人们主动关注微博或者在微博上和别人交流以寻求"真相"，为谣言的产生提供了平台，如图4.1事件模糊性引发谣言过程。

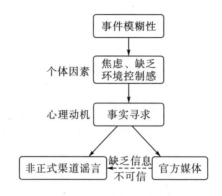

图 4.1   事件模糊性引发谣言过程

越来越多的研究者已经认识到，尽管谣言传播和疾病传播有很多的相似之处，但是谣言传播也具有本身所独有的性质。在疾病传播过程中，一个易感者接触到一个感染者会以一定的概率变为感染者。在谣言传播过程中也是类似的，一个不知者接触到一个传播者会以一定的概率变为传播者，但是这个感染的概率和个体心理因素有关，也和群体因素有关，这一点在分析记忆累积效应时已经提到。目前针对谣言传播的特性研究主要分为两大类：一类是从心理学角度出发。人类所具有的记忆机制(Zhao et al., 2012a；Dodds and Watts, 2004；Huo et al., 2012)、遗忘机制(Gu et al., 2008；Isham et al., 2010)、社会强化作用(Clauset et al., 2009；Cimini et al., 2011)等；第二类是从复杂网络的角度出发。随着复杂网络理论的发展，有许多研究者从复杂网络的特性出发研究谣言传播的规律。比如网络关系强度(Miritello et al., 2011)、非冗余接触(Lü et al., 2011)、重连(Cimini et al., 2011)等，以及时间的衰退效应(Wu and Huberman, 2007)、信息的内容(Lü and Zhou, 2010)等。

但是，在谣言传播模型考虑引发谣言的事件本身的性质的相关研究较少。事实上，事件的模糊性对谣言传播有很重要的影响。许多心理学家对事件的模糊性对谣言传播的影响做了定性的分析。1947 年，Allport 和 Postman(1947)所提出的谣言传播公式强调了事件的模糊性对谣言传播的影响。Rosnow(1991)认为谣言之所以传播是因为人们需要对模糊的、不确定的、不清楚的事件进行解释。Pendleton(1998)进一步的研究说明了事件的模糊性是谣言传播的一个重要因素。在极端模糊的环境下，通常缺乏可靠的信息，因此有的人或者是新闻组织等就倾向于去制造更多信息去解释事件，这也为谣言传播起了推波助澜的作用(Shibutani, 1966)。因此，本章将建立考虑事件模糊性的谣言传播模型，定量分析模糊性对谣言传播的影响。首先，结合社会学家研究的成果，分析事件模糊性对谣言传播的影响，假定事件随着时间的变化会变得越来越清晰，建立反映事件模糊性的函数关系式。根据事件模糊性对不知者变为传播者的概率的影响，在经典的 SIR 模型的基础上建立谣言传播模型。

4.2　模　型　构　建

在谣言传播过程中，如果事件本身是模糊的，那么与其相关的信息肯定是模糊的；相反，如果事件本身很清楚，那么关于事件的信息肯定是清晰明了的。所以将关于事件模糊性的参数设定为常数，也就是假设在谣言传播的过程中，信息一直处于同一种模糊状态，这显然是不合理的，事件发展的态势会随着时间的变化而变化，应该是一个变化的参数。因此，下面分析事件模糊性以及其随时间变化的趋势，建立事件模糊性关于时间的函数，这个函数反映了事件的模糊性的变化特点。然后，把这个函数引入经典的 SIR 谣言传播模型，由此得到了反映事件模糊性的谣言传播模型。

4.2.1　事件模糊性函数

Allport 和 Postman（1947）在他的著作《谣言心理学》中提出了谣言传播公式：R（谣言）$= I$（重要性）$\times A$（模糊性），也就是说谣言传播产生的影响力与事件的重要性和事件的模糊水平成正比的。总的来说，事件越是模糊，越是重要，谣言传播的效应就越大。如果事件的重要程度和模糊程度中任何一个为 0，谣言将不会传播。比如，2014 年的"昆明火车站暴恐事件"，由于在较短的时间里整个事情的来龙去脉都比较清楚，虽然事件很重要，但是几乎没有谣言的传播。再看一个经典的案例，一个美国公民不可能散布关于阿富汗的骆驼市场价格谣言，骆驼的市场价格虽然模糊，但对美国人来说并不重要，所以他根本就不会发起或者维持谣言的传播。一般来说，随着时间的推移，模糊的事件会变得越来越清晰，根据谣言传播的公式，当事件变得很清晰的时候，不管这个事件是有多么的重要，这时都没有谣言了。因此本章考虑事件的模糊性对谣言传播的影响，并且考虑了事件从开始的模糊状态到最后的清晰状态的变化快慢，即研究事件从模糊到清晰的速度对谣言传播的影响。文中将事件从模糊到清晰的速度简称为清晰速度。

由于事件越是模糊，谣言传播的效应就越大，也就是说传播谣言的人就会越多，那么建立的函数应该满足事件越模糊，一个不知道谣言的人变成谣言传播者的概率就会越大。事件的模糊程度规范化在 [0,1]，其中 1 代表事件高度模糊，0 代表事件完全是清晰的。假设随着时间的变化，事件会变得越来越清晰。根据以上分析，建立的函数既要能反映事件的模糊程度，又要能反映不知者转化为传播者的概率，由此建立了以下函数

$$p(t) = e^{-ct}, 0 < c \leqslant 1, t \geqslant 1$$

函数中 c 反映的是引发谣言的事件的清晰速度。c 越大，代表事件会较快的变清晰；反之，事件就会清晰得比较慢。图 4.2 是根据不同的清晰速度 c 作出的这个函数图像。从图中 4.2，可以看出 c 越大，图像就越陡峭，说明事件很快就变得清晰了，当 c 趋于 0 时，事件的清晰速度就变得越来越慢。同时从图 4.2 中可以读出事件大概是在哪个时间点变清楚的，比如，当 $c = 0.01$ 时，事件大概是在 $t = 400$ 时变清晰的；当 $c = 0.005$ 时，事件大概是在 $t = 1000$ 的时候变清晰的。仔细地分析了 $p(t)$ 随着参数 c 的变化情况，发现当 c 在 [0.1, 1] 的时候，$p(t)$ 下降得特别快，也就是说在这时，事件清晰得特别快，因此建议在

选择参数 c 的时候,除非事件清晰得特别快,否则不要选择 c 在 $[0.1, 1]$。比如,在"昆明火车站暴恐事件"中,由于官方媒体很快公布了案件的事实,所以这时可以选择 c 在 $[0.1, 1]$;而马航失联事件则不能选择 c 在 $[0.1, 1]$。因为 $p(t)$ 是不知者转化为传播者的概率,所以 $p(t)$ 在 $(0, 1)$。 $p(t)$ 不仅表示在 t 时刻事件的模糊程度,也表示在 t 时刻一个人从不知者转化为传播者的概率。由于随着时间的推移,模糊的事件会变得越来越清晰,所以随着时间的变化, $p(t)$ 最终会趋于 0。

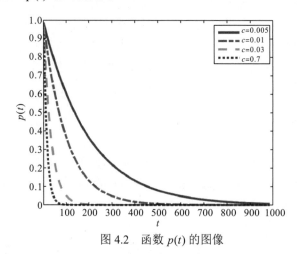

图 4.2 函数 $p(t)$ 的图像

4.2.2 扩散模型

以上通过建立函数关系刻画了事件的模糊性,为了分析事件模糊性对谣言传播的影响,下面将事件模糊性和经典的疾病传播模型 SIR 模型相结合,讨论引发谣言的事件的模糊性对谣言传播的影响机制,探究在网络上抑制谣言传播的有效应对策略。

由于谣言传播和疾病传播有极大的相似之处,本节借用疾病传播模型及其基本概念,来推导考虑事件模糊性的谣言传播模型。在模型中,假设人群是均匀混合的,把人群中的人分为三类,分别为不知者、传播者和抑制者(Daley and Kendal, 1964)。每个人可能处于以上三种状态中的一种:①不知者 $[S(t)]$——是指人群在从来没有听说过谣言的人,不知者对谣言的传播没有抑制能力,一旦接触到谣言便会以一定的概率转化为传播者;②传播者 $[I(t)]$——指的是知道谣言,并且在社交网络中传播谣言的人;③抑制者 $[R(t)]$——是指曾经传播过谣言或者因为本身的认知,现在他们都不相信谣言也不会传播谣言,也就是说,这一类人接触到谣言也不会受到谣言的影响。

谣言传播过程与疾病传播过程相比,虽然有很多的相似之处,但是谣言传播有它自己所具备的特性。受到事件模糊性的影响,随着时间的推移,事件本身变得越来越清晰,也会阻止谣言传播,所以在研究谣言传播规律的时候,应当考虑事件的模糊性对谣言传播的影响,它的作用是不容忽视的。因此,将以上所建立的反映事件模糊性的函数与经典的 SIR 模型相结合,建立考虑事件模糊性的谣言传播模型。在谣言传播过程中,整个人群的最初状态是只有少量的传播者,没有抑制者,其余的全部为不知者。随着谣言的传播,部分不知者变成了传播者,不知者变得越来越少,传播者变得越来越多,同时部分人变成了抑制者，而传播者的数量到达一定的高度后开始下降，抑制者渐渐增多；最后，整个人群中，传播者的数量变为 0，只剩下无知者和抑制者两个人群。

记 $S(t)$、$I(t)$、$R(t)$ 分别表示在 t 时刻不知者、传播者和抑制者在人群中所占的比例，他们满足归一化条件 $S(t)+I(t)+R(t)=1$。整个谣言传播过程的示意图如图 4.3 所示，同时可以将图中的谣言传播规则总结如下。

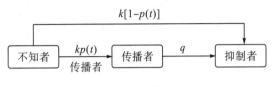

图 4.3　谣言传播过程示意图

(1) 当一个传播者遇到一个不知者的时候，有的不知者急于填补信息的空白，缓解自己忧虑和担心，而选择相信谣言，从而从不知者变成传播者，其概率为 $p(t)$；有的不知者由于本身的认知能力，尽管事件很模糊，也不随意相信谣言，从而从不知者变成一个抑制者，其概率为 $1-p(t)$。因此，不知者减少的速度 $\dfrac{\mathrm{d}S(t)}{\mathrm{d}t}$ 与不知者的所占比例 $S(t)$ 和传播者所占比例 $I(t)$ 成正比，于是可以得到以下微分方程

$$\frac{\mathrm{d}S(t)}{\mathrm{d}t}=-kS(t)I(t) \tag{4.1}$$

(2) 在每个时刻，传播者都可能改变了对事件的看法而停止传播谣言，可能是了解到谣言已经过时或者是错误的，而失去了传播谣言的动力。假设在这种情况下由传播者变成抑制者的概率为 q。因此，传播者减少的速度 $\dfrac{\mathrm{d}I(t)}{\mathrm{d}t}$ 与传播者所占的比例 $I(t)$ 成正比，结合式 (4.1) 可得微分方程

$$\frac{\mathrm{d}I(t)}{\mathrm{d}t}=kp(t)S(t)I(t)-qI(t) \tag{4.2}$$

(3) 从式 (4.2) 知抑制者增加的速度 $\dfrac{\mathrm{d}R(t)}{\mathrm{d}t}$ 与传播者所占的比例 $I(t)$ 成正比，再结合式 (4.1) 可得微分方程

$$\frac{\mathrm{d}R(t)}{\mathrm{d}t}=k(1-p(t))S(t)I(t)+qI(t) \tag{4.3}$$

基于以上的讨论，整合式 (4.1)～式 (4.3)，考虑事件模糊性的谣言传播模型为

$$\begin{cases} \dfrac{\mathrm{d}S(t)}{\mathrm{d}t}=-kS(t)I(t) \\[2mm] \dfrac{\mathrm{d}I(t)}{\mathrm{d}t}=kp(t)S(t)I(t)-qI(t) \\[2mm] \dfrac{\mathrm{d}R(t)}{\mathrm{d}t}=k(1-p(t))S(t)I(t)+qI(t) \\[2mm] S(0)=S_0, I(0)=1-S_0, R(0)=0 \end{cases} \tag{4.4}$$

从谣言传播过程的示意图 4.3 来看，谣言传播的初始阶段只有少量的传播者，传播者

不断地和不知者接触，不知者便会受到传播者的影响，以一定的概率变为传播者，在这里着重考虑的是事件的模糊性对谣言传播的影响，所以这个转换概率受到了事件模糊性的影响。根据所建立的事件模糊性的函数关系，事件越模糊，则转化概率越大，意味着越多的不知者会转化为传播者，谣言会以很快的速度在系统中传播。相反，如果事件的模糊程度较低，那么不知者转化为传播者的概率就较小，那么谣言影响到的人就会较少。如果不知者有较强的判断能力，对官方信息很信任，不会随意地相信谣言，就算事件很模糊也不会传播谣言，因此，会有一部分不知者转化为抑制者。当谣言传播达到稳定状态时，$S(t) + R(t) = 1$。在一定的情况下，最后不知者所占的比例是大于 0 的，从而抑制者所占比例是小于 1 的，也就是说整个人群中有一部分人是从来没有听说过谣言。

4.3　案　例　仿　真

为了深入分析事件模糊性对谣言传播的影响，并且考察事件清晰速度对谣言传播的影响。下面用 MATLAB 对模型做仿真实验，并利用模型进行案例分析证明模型的有效性和实用性。

4.3.1　参数讨论

利用 Runge-Kutta 方法求解微分方程组(4.4)，通过数值模拟分析事件模糊性对谣言传播的影响，并且对参数进行灵敏度分析。为了比较结果，本节选择了在两个经典网络中进行，分别为规则网络和 *ER* 随机网络。设定两个网络具有相同的人口总数 $N = 10000$ 和相同的平均度 $<k> = 16$。两种网络的构造方法参见第 3 章的内容。

首先，在固定其他参数的情况下，取不同的清晰速度 c，观察谣言在两个网络中的传播情况，在这里取 $c = 0.005$、$c = 0.03$、$c = 0.7$。如果事件的清晰速度比较快，也就是说事件在较短的时间内会变得清晰，那么由于事件清晰程度的变化，固然会影响到人们对事件的理解，在事件越清晰的情况下，个体由传播者变成抑制者的概率也会变大。所以设当 $c = 0.005$、$c = 0.03$、$c = 0.7$ 时，分别对应的 $q = 0.05$、$q = 0.1$、$q = 0.2$，图 4.4 显示了对应不同的参数 c，传播者和抑制者在规则网络中的随时间变化的趋势图。总的来讲，从图 4.4 中可以看出随着参数 c 的减小，传播者数量的峰值随之变大，同时在传播结束时抑制者的数量随之增加。图 4.4(a)描述了随着 c 的变化传播者密度的变化情况。由于 c 表示的是事件清晰的速度，长虚线代表的是当事件在很短的时间里变清晰时，传播者密度变化趋势；点虚线表示的是当事件在大概 $t = 400$ 的时候变清晰时，传播者变化趋势图；实线则是当事件在很长一段时间都不清晰时，传播者的趋势图。可以看出当 c 越大时，传播者曲线的峰值越小，谣言终止的时间也就越早。同时还可以发现当 $c = 0.7$ 时，谣言是没有传播的，这是因为 $c = 0.7$ 代表的是事件在很快变得清楚，根本就没有给谣言传播的可能和时间。因此，事件的清晰速度对谣言的传播进程产生了重大的影响。在图 4.4(b)中描述了当 c 变化时抑制者随时间变化的趋势图。图 4.4(b)显示 c 越小，当谣言终止时抑制者的数量就越大，也就是说受谣言影响的人就越多。显然，当其他参数固定的时候，c 越小，谣言的影响范围越广。这是因为 c 越小表示事件变清晰得越慢，在谣言传播过程中越少的传播者会转变为抑制者，从而增加了谣言传播的影响力。

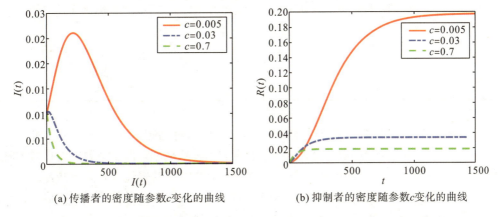

(a) 传播者的密度随参数 c 变化的曲线 　　　(b) 抑制者的密度随参数 c 变化的曲线

图 4.4　规则网络中传播者和抑制者的密度变化

图 4.5 模拟了针对不同的参数 c，传播者和抑制者在 ER 随机网络中的随时间变化的趋势图。与规则网络中结果类似，可以看出当 c 越小，谣言传播得就越快越广。但是在 ER 随机网络中，c 对谣言传播的影响，也就是事件的模糊性对谣言传播的影响更为显著。图 4.5(a) 显示了在不同的 c 时传播者密度的变化趋势图。在相同的情况下，与在规则网络中相比，谣言在随机网络中传播得越快。也就是说谣言的传播对事件模糊性的敏感程度与网络的拓扑结构有关。在图 4.5(b) 中描述了对不同 c 的抑制者随时间变化的趋势图。值得注意的是，当 $c=0.005$ 和 $c=0.03$ 的时候，抑制者的密度最后都趋近于 1；但是当 $c=0.005$ 时，抑制者更快地趋近于 1，并且更接近于 1。这表明当事件很模糊的时候，谣言几乎能覆盖整个人群，事件若是模糊的时间较长，则谣言传播的过程也会持续得越久。同时，在两个网络中，当 c 取同一个值时，谣言在随机网络中抑制者的最终值越大。总的来说，与规则网络相比，谣言在随机网络中传播得越快越广。这一结论与疾病传播和信息传播中关于传播速度和传播广度的理解是一致的，即关于传播速度和广度的关系式为：随机网络>规则网络。

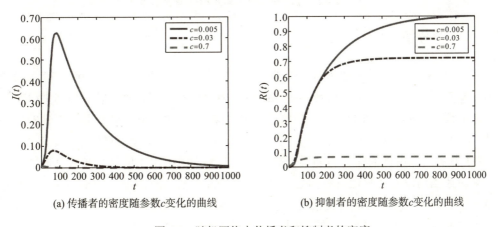

(a) 传播者的密度随参数 c 变化的曲线 　　　(b) 抑制者的密度随参数 c 变化的曲线

图 4.5　随机网络中传播者和抑制者的密度

表 4.1　五种关键词

谣言	关键词
谣言 1	空难，飞机坠毁，解体
谣言 2	残骸，碎片
谣言 3	劫机，恐怖主义，恐怖分子
谣言 4	外星人，穿越
谣言 5	降落，着陆

图 4.6 是当事件模糊程度为常数和一个变参数的对比图。从图 4.6 可以看出，当 $p(t)=\mathrm{e}^{-0.005t}$ 时，尽管常数 $p(t)=0.7$ 是一个非常大的转换概率，但变参数的传播者的峰值依然要更高一些。如果 $c=0.05$ 的时候， $p(t)$ 取函数的时候的峰值也要大一些，这时人群中受谣言传播影响的人更多。如果当 $c=0.9$ 的时候， $p(t)$ 取函数时传播者的峰值才会小于取常数 0.7 时的峰值。因此，在真实的网络中，反映模糊程度的参数取为常数的话，往往会低估谣言在网络中的传播速度和影响力。

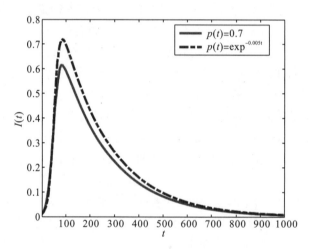

图 4.6　$p(t)$ 为常数和函数时传播者的密度

4.3.2　案例分析

2014 年 3 月 8 日，马来西亚航空公司一架载有 239 人的波音 777-200 飞机（MH370）大约在起飞两小时后与管制中心失去联系。这个事件吸引了全球的关注，当然也引发了不少谣言的快速传播。到 2014 年 3 月 8 日下午，因为"马航 MH370 失联"事件的极端模糊性，有的人揣测飞机是被外星人劫持了，有的人说飞机是在半空中爆炸了，很快关于"马航 MH370 失联"事件的谣言传遍了全世界，当然整个中国也不例外。在整个事件中，由于马来西亚当局没有及时地发布信息，发布的信息中还存在前后不一致的情况。这使得公众很困惑和焦虑，从而为谣言传播提供了环境。本节通过在新浪微博上搜集的真实数据对模型中的参数进行数据拟合，再用模型对这个事件中谣言传播进行分析。

1. 数据拟合

为了研究有关"马航 MH370 失联"事件的谣言在社交网络中是怎样传播的，本节收集了有关"马航 MH370 失联"事件的数据。该数据是从中国最大的微博网站新浪微博上爬取出来的。每一个新浪微博用户的主页的统一资源定位符(url)都对应一系列的数字，通常含有 10 个数，比如 http://weibo.com/u/1914100420。因此，用户可以通过随机生成一些含 10 个数的数组生成，从中选择随机生成的有效用户，并爬取这些用户在指定时间的微博内容。于是通过这种方法，在 2014 年 3 月 8 日～4 月 8 日这段时间里每天爬取了 750 个随机用户的微博。这些随机用户作为整个网络的样本。在整个爬取过程中，得到了在 2014 年 3 月 8 日～4 月 8 日的 23250 条数据。这些数据信息包括用户的 ID 和微博的内容。为了详细地研究关于"马航 MH370 失联"事件中谣言的传播规律，搜集了有关"马航 MH370 失联"事件的谣言，总结出其中 5 个类型的主要谣言，并提取出这些谣言的关键词。表 4.1 给出了 5 种主要的谣言的关键词，这些关键词代表了关于"马航 MH370 失联"事件的各种谣言。利用这些关键词过滤微博数据，可以确定与每一种谣言有关的微博的数量。表 4.2 归纳了在 2014 年 3 月 8 日～4 月 8 日 5 种关键词组的谣言数量。

表 4.2　微博的数量

日期	3 月 8 日	3 月 9 日	3 月 10 日	3 月 11 日	3 月 13 日	3 月 15 日	3 月 17 日	3 月 19 日
小时	16	40	64	88	136	184	232	280
关键词 1	15	40	19	8	7	6	8	5
关键词 2	4	13	15	0	3	0	2	0
关键词 3	25	32	31	36	25	21	21	23
关键词 4	16	40	48	32	17	14	8	8
关键词 5	13	24	21	8	6	5	3	0
总量	73	149	134	85	58	46	42	36
日期	3 月 21 日	3 月 23 日	3 月 27 日	3 月 31 日	4 月 2 日	4 月 4 日	4 月 6 日	4 月 8 日
小时	328	376	472	568	616	640	688	736
关键词 1	2	2	5	7	4	4	4	1
关键词 2	0	0	3	4	0	3	1	2
关键词 3	9	14	0	2	0	0	2	0
关键词 4	4	4	0	0	0	2	0	2
关键词 5	1	0	0	0	0	1	0	1
总量	16	20	8	13	4	10	7	6

为了确定模拟"马航 MH370 失联"事件谣言传播的模型中参数，首先用搜集数据描图，拟合曲线如图 4.7 所示。图 4.7 中包括 5 种谣言传播者总量的变化趋势图及第 1 种谣言和第 3 种谣言的传播者变化趋势图。从图 4.7 中加号曲线为关于第 1 种谣言的曲线图，方

块曲线为关于第 3 种谣言的曲线图，星号曲线为关于所有谣言的曲线图，子图是星号曲线的缩略图。从图4.7 三条曲线可以看出，开始的时候谣言传播得非常快，大概到 40h 的时候达到峰值，然后开始慢慢下降。与其他曲线相比，图4.7 中第3种谣言的曲线相对比较平缓。这条曲线代表的是恐怖分子、恐怖主义、劫机的谣言传播情况，这表明这个谣言传播了较长的一段时间，从某种意义上来讲，人们更加信任这条谣言。观察发生在这段时间的实际情况，不难解释这个现象。这个类型的谣言的传播一直居高不下的原因是在这段时间里官方发布消息称有两个伊朗人持假护照登机,但是直到2014年3 月17 日（t=232h）官方才发布消息否认这两个乘客有问题。然而谣言的传播并没有立刻停止，直到t=270h时谣言传播才开始下滑。从图4.7 第 1 种谣言的曲线可以看出，在谣言传播过程中，最初传播者的数量有一个很陡然的增长，然后随着时间下降，大约t在400~600h有一个小的波动。对照真实的情况，在 2014 年 3 月 24 日，官方确认马来西亚航空坠毁于印度洋，这一消息的公布又引发了关于坠毁的许多猜测。但是，从波峰的高度来看，大部分人还是相信官方所公布的信息。总量曲线刻画的是 5 组关键词的变化整体趋势，与其他两条曲线相比，因为该条曲线是5 组关键词的整体趋势，所以波峰要高得多。

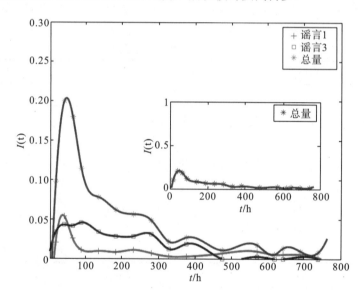

图 4.7   "马航 MH370 失联"事件中谣言传播者密度的变化趋势图

图 4.8 反映了抑制者在实际情况中的变化。假设每一个传播者在传播一次谣言后就变成了抑制者，那么抑制者在t时刻的数量就应该等于t时刻之前的传播者的数量和。通过表 4.2 可以算出抑制者数量，如图 4.8 所示抑制者的数量变化趋势图。从图 4.8 可以看出，最初抑制者有急剧地增长，到后面就增长得很平缓了，在t=736h 时人群中大概有 90%的人都变成了抑制者。

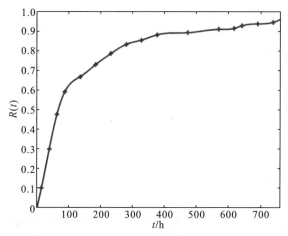

图 4.8　马航 MH370 失联"事件中谣言抑制者密度的变化趋势图

2. 模型拟合

通过以上的数据分析，取参数 $S(0)$ =0.999，$I(0)$ =0.001，q =0.1。截止撰写本书的时候，"马航 MH370 失联"事件仍然不清楚，故取参数 c =0.005 去仿真"马航 MH370 失联"事件中谣言传播的过程。设定 c =0.005 表示事件会在 t =1000 的时候变清晰，这是一个相对较长的时间。模型是在 Yuan 和 Liu (2013)等在新浪微博上爬取的网络上运行，选择这个在线网络的原因有两个：一是其数据很容易得到，二是它来自新浪微博网络。图4.9 显示了在"马航 MH370 失联"事件中谣言传播的三个人群随时间的变化趋势。从图 4.9 中可以看到，在谣言传播的初始阶段，传播者的密度有一个急剧地增加。与图4.7 中的子图比较，图 4.9 中传播者密度的曲线图和图 4.7 的子图大体是一样的。随着谣言传播进程的推进，在 t =180 时，传播者密度很快达到了最大值，接着开始慢慢的下降。最后，传播者的密度变为 0，这时谣言传播终止。在整个过程中，随着时间的变化，不知者的密度一直在减少，而抑制者的密度一直在增加。在谣言传播终止的时候，这两者达到一个稳定状态。同时从图 4.9 可以看出，在 t =600 的时候，几乎所有的人都变成了抑制者而终止了传播。但假设事件在 t =1000 的时候清晰，从实际情况可以得到事件提前终止传播的原因。一般来说，人们对一个问题的关注程度随着时间变化而渐渐减弱。在一定的时间内事件没有变清晰，人们已经丧失了对这个事件的兴趣，这也会使得谣言停止传播。在整个传播过程中，不知者的密度在 t =400 之前急剧减少，而抑制者的密度渐渐增加直到达到平衡状态。

通过以上的仿真分析，结果显示模型仿真与真实数据拟合是吻合的，也就是用模型去仿真谣言传播的过程是可靠的。如果模型的初始值和参数取得不一样，那么模型也可以仿真谣言传播的其他情况。比如，设定 c =0.7、q =0.2，模型可以模拟"昆明火车站暴恐事件"中的谣言传播问题，如图 4.10 所示。c =0.7 表示时间会很快的变清晰，图 4.10 显示基本没有谣言传播。"昆明火车站暴恐事件"基本没有谣言传播，因为在事件刚刚发生不久，官方就很快公布了案件的事实过程，所以谣言的传播链很快就被切断了。由图 4.10 可以看到谣言根本就没有传播，各个群体的数量没有发生变化。

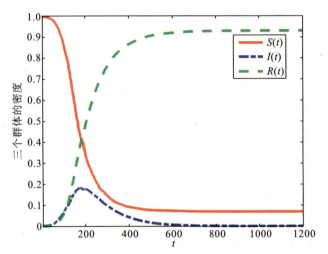

图 4.9 "马航 MH370 失联"事件中三个群体随时间变化趋势图

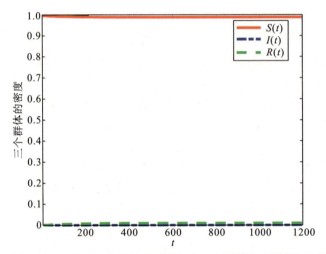

图 4.10 "昆明火车站暴恐事件"中三个群体随时间变化趋势图

4.4 结 果 讨 论

事件的模糊程度和事件的清晰速度对谣言的传播起了重要作用。尽管学者们提出了很多谣言传播模型，但是现有的模型中没有考虑事件的模糊性和事件的清晰速度这两个因素。在以上的仿真试验中，可以看到当 c 很小的时候，也就是说事件会持续模糊很长一段时间，这时谣言会传播得更快更广。在现实中，如果发生的事件本身很模糊，那么个体因为缺乏信息来源，会产生焦虑感，并可能导致个体控制感的缺失等。为了减少这种焦虑，力图去解释发生的事件，人们就会更倾向于相信谣言，通过传播谣言来获得对环境的控制感。在图 4.4(a)和 4.5(a)中可以看到，谣言的初始传播过程和图 4.9 中的情况是相同的。这表明谣言在传播过程的初始阶段传播得很快，那么对于官方政府而言，初始阶段是政府控制谣言的关键时间段。因此，在事件发生的初始阶段，即使事件没有任何的进展，官方也应该高频率的发布信息，以缓解人们的恐慌和焦虑。同时，通过仿真分析，比起规则网络，谣言在随机网络中传播得更快更广，所以谣言的传播与网络的拓扑结构有很大的关系。

通过模拟仿真，可以看到事件的模糊性会促进谣言的传播，在谣言传播中起了很大的作用，这与 Oh(2013) 等的研究结果是一致的，从案例的现实意义也可以解释这一研究结果。在"马航 MH370 失联"事件发生后，很快引起了全球人民的关注，"马航 MH370 失联"事件失事的原因以及 200 多名乘客是否能够生还，成为当时人们热烈讨论的话题。由于马来西亚官方和主流媒体的集体"沉默"，使得人们难以获得来自正式渠道的与马航有关的消息，于是人们开始不断地揣测，舆论为人们提供一条条所谓的"原因"和"真相"，使得人们难以辨别真假。但对于媒体和公众来说，有消息总比起没有消息好，因此各大网站媒体及用户也开始转载一些未经核实的消息，使得谣言不断的滋生并且扩散。在仿真中，证明了事件的模糊性越高，人们传播谣言的可能性就越大，谣言传播得越广。也就是说，事件的模糊性与谣言传播呈正比关系。在"马航 MH370 失联"事件中，由于事件的复杂性和官方的处理不当，导致了大量谣言的产生和广泛传播。在召开的新闻发布会上，"马航 MH370 失联"事件的核心信息并没有得到透露，没满足人们对信息的需求。此外，马航官方发布的信息存在前后矛盾，使得人们感到很困惑，整个事件一直处于一种模糊不清的状态。在这种情况下，人们开始主观地去推测或者被动接受别人所推测的事情的"真相"，以此来缓解模糊的环境给人们带来的焦虑情绪，从而使得谣言得到产生和传播。

在已有的谣言传播模型中，对人群的分类主要有两种类型。第一种类型是借用疾病传播理论的分类方法把人群分为三个群体，即人群被分为不知者、传播者和抑制者三类，大部分的模型均采用的是这种分类方法。随着谣言传播研究的深入，人们发现谣言传播和疾病传播有着很多不一样的地方，所以对谣言传播特性进行研究，于是有的模型里将人群分为四类，即在第一种分法的基础上多加入了一类。但是加入的这一类群体的解释是不一样的。有的文献里，这个加入的群体是从传播者中分离出来的，称为冬眠者(Zhao et al.,2012b)，他听到了谣言但是因为遗忘机制而忘记了谣言。在 Lü 等 (2011) 的研究中，加入的群体称为知道者，因为他怀疑信息的真实性，知道信息但是不愿意传播。与之类似，有的学者将加入的群体称为潜伏者(Huo et al.,2011)，他是不知者变为传播者的中间状态，是一个判断状态，这一种和上一章的分类相似。在第三章的模型中，假设当一个不知者遇到传播者，不知者会以概率 1 变为潜伏者，将模型 (3.5) 中加入函数 $p(t)$ 潜伏者再以概率 $p(t)$ 成为一个传播者，以概率 $1-p(t)$ 成为一个抑制者。通过仿真分析，发现事件的模糊性对谣言传播的影响结果和上文是一致的，如图 4.11 所示，c 越小，谣言的影响范围越广。这与之前分成 3 类的结果是一致的，所以事件的模糊性对谣言传播的影响与人群的分类方式是没有关系的。

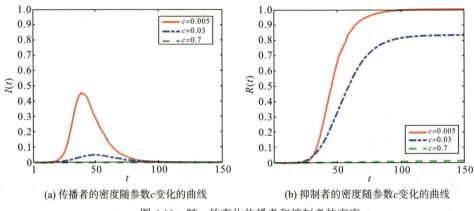

(a) 传播者的密度随参数 c 变化的曲线   (b) 抑制者的密度随参数 c 变化的曲线

图 4.11   随 c 的变化传播者和抑制者的密度

4.5   控 制 策 略

从以上分析可以看到事件的模糊性是影响谣言传播的一个重要因素。环境的模糊性会让人们处于焦虑状态，从认知上感到控制环境的能力降低，从而产生紧张情绪。当战争、疾病、自然灾害等危机事件突然发生时，使得人们产生了强烈的信息需求以求了解周围环境，在最大程度上减轻事件给人们带来的生命财产威胁。如果此时人们得不到有关信息，为了缓解紧张情绪，摆脱焦虑感，实现对环境的控制，人们便会开始议论与事件相关的问题，谣言便在这个过程中产生和传播。

谣言产生与社会环境有很大的关系，在没有官方信息来源的时候，各种猜测和臆想成为人们的信息来源，尽管这些信息来源不可靠，但人们还是会选择它。如果官方及相关媒体能够带来真正满足人们需要的信息，那么谣言将失去生存的土壤。信息论的奠基人 **Shannon** 提出信息是为了帮助人们消除或者减少不确定的内容。谣言之所以会产生和传播是因为正常信息的传播过程中出现传播障碍，信息不能到达从而不能消除或减少人们的不确定性。因此，官方要控制谣言的基本方法是及时地向公众通报最新的消息，尽量详尽地将手中所掌握的权威的信息和资料公布给公众。公众对事件的真实情况了解得越多，了解得越详细，才能化解其对事件的疑问和猜测，消除谣言滋生的条件——事件的模糊性。一般情况下，公众是信任官方政府的，官方政府所公布的信息是具有权威性的。权威信息的公开有助于降低公众的恐慌感，人们就不会因为得不到信息而通过制造谣言来填补信息空白。因此，在突发事件发生之后，制止谣言的关键是让人们能了解到事件的真相，官方政府应采取各种媒介手段将事实真相向社会公开。

通过仿真实验的分析，在上文中通过"马航 MH370 失联"事件和"昆明火车站暴恐事件"对比，可以看到事件的清晰速度对谣言的传播有很大的影响。如果事件能在较短的时间内变得真相大白，那么谣言基本不会传播，如果事件发生很久后都没有公开事实真相，谣言影响范围就会很广，这时政府想再辟谣就困难重重了。当事件很快就变清晰的时候，人们可以得到与事件相关的详尽的信息，事件的来龙去脉都比较清楚，不需要对事件的细节过程进行怀疑和揣测，便不会制造谣言来解释模糊性。因此，官方除了要像公众公布事件的真相外，还应该注意时间的把控，必须在最短的时间内发布公众想要知道的内容，避免谣言的传播。同时从仿真的结果还可以看到，谣言传播的初期是制止谣言的关键时期，再次说明官方必须要及时公布与事件相关的消息，事件发生之后，应该迅速反应，争取时间把握舆论的导向。

从分析"马航 MH370 失联"事件的谣言来看，谣言的产生大都集中在 2014 年 3 月 8 日 8 点 44 分~12 点 30 分这近 4 个小时里，这是因为在 2014 年 3 月 8 日 8 点 44 分发表了一份马航失联声明后，直到下午 2 点 30 分才召开新闻发布会称目前不清楚 MH370 具体位置。在官方沉默的这 4 个小时里，人们急切地想知道 MH370 的情况，飞机上的乘客到底怎么样了，因为没有消息的来源，人们便开始揣测事件的结果，因此爆发了各种各样的谣言。而与"昆明火车站暴恐事件"相比，在 2014 年 3 月 1 日 21 点左右"昆明火车站暴恐事件"发生后，大概每隔 1 小时左右官方公布相关消息，直到事件处理完毕，社交网络中没有形成和传播与之相关的谣言。因此，在事件发生的初始阶段，即使事件没有任何的新的进展，官方也应该高频率地发布信息，以缓解人们的恐慌和焦虑。如果任谣言发展，最终也会消失，但谣言会影响更多的人。在"马航 MH370 失联"事件的模拟中，假设事件在 $t=1000$ 的时候清晰，但是谣言确在 $t=600$ 的时候终止了。在现实生活中，长久关注一个问题，人们会感到枯燥而逐渐失去对事件的兴趣，进而就不会再去讨论与之相关的信息，谣言也就不会传播了。这个也可以用 Allport 和 Postman 的公式来解释，事件不再吸引人们去关注，也就是说人们觉得这个事件对他并不重要，所以当重要性趋于零的时候，也就没有谣言了。

4.6　本　章　小　结

在经典的疾病传播模型 SIR 模型的基础上，本章提出了 SIR 模型的变形模型，这个模型考虑了事件的模糊程度和事件的清晰速度对谣言传播的影响。在模型里，建立了一个随时间变化的函数 $p(t)$ 去描述事件的模糊程度和清晰速度。

$p(t)$ 既可以反映事件模糊的程度，也可以表示一个不知者变成一个传播者的概率，其中的参数 c 反映了事件变清晰的速度。如果事件变清晰得非常快，那么 c 就比较大，谣言传播的影响力也就较小。相反，如果事件变清晰得很慢，那么 c 就比较小，谣言传播影响力也就比较大。本章把建立的这个函数加入传播动力学方程 SIR 模型中，于是得到考虑了事件的模糊程度和事件的清晰速度的谣言传播模型。

在参数 c 取不同的值的情况下，分别在规则网络和 ER 随机网络中做了比较分析。在仿真的结果显示，当 c 较小的时候，即当事件长时间很模糊的时候，谣言传播得更快，影响的范围也更广。同时，本章研究结果还表明，在随机网络中，参数 c 对谣言传播的影响比在规则网络中更显著。针对相同的 c，在随机网络中谣言传播的强度和广度都更大。最后，本章通过"马航 MH370 失联"事件真实数据确定模型的参数，再运用模型来分析了"马航 MH370 失联"事件。从本章仿真结果可以看出，模型模拟的结果和真实数据的结果基本一致。不管从模型仿真结果还是真实数据图都可以看到，事件的模糊性对谣言传播起了推波助澜的作用，事件的清晰速度对谣言传播也产生了重要的影响。同时，谣言传播的早期阶段是控制谣言的关键时期。

第5章 多因素影响演变规律

在第二次世界大战时,学者们便对谣言的定义和谣言的传播规律做了大量的研究,并且总结了大量影响谣言传播的因素。1947 年,Allport 和 Postman 在谣言方面的奠基之作《谣言心理学》中提出了谣言传播公式,指出了谣言产生的两个条件是事件重要性和模糊性。在提出谣言传播公式 7 年之后,Chorus 提出了另一个谣言传播公式,除了考虑重要性和模糊性之外,还考虑了个体在思考过程中的批判意识,也就是说影响谣言传播的因素有三个:重要性、模糊性和公众的批判意识。由于谣言传播的过程存在于一个复杂的模糊的环境,本章引入模糊数描述影响谣言传播的三个因素,建立考虑以上三个因素的谣言传播模型,并应用到 "7·23 甬温线特别重大铁路交通事故" 中。

5.1 研 究 背 景

在社会学领域对谣言传播的研究已经有近百年的时间,而自然科学领域对谣言传播得研究相对较晚。心理学家和社会学家的研究主要集中在谣言传播的因素、方式和后果的研究上。而自然科学领域则主要是应用数学理论建立数学模型去模拟谣言传播的过程,并且大部分模型是疾病传播模型的应用或变形。尽管科学家们做了很多意义深远的研究,但是在谣言传播领域依然存在一些尚未解决的问题。综观谣言的研究历史,作者认为有两个很明显的问题。第一个问题是在整个谣言传播领域普遍存在的问题。目前在人文科学领域对谣言传播的研究和自然科学领域对谣言传播的研究是相互独立的,也就是两个领域的研究结果并没有整合在一起。在人文科学里的一些通过统计实验分析的经典理论并没有被自然科学中的模型提到。谣言传播既是一个重要的社会问题,又是一个关于传播动力学的自然科学问题,两者应该结合在一起来研究。第二个问题,谣言的传播受到很多因素的影响,比如谣言信息内容、个体的经验和知识等。因此,这个系统具有很强复杂性和不确定性。在大多数模型里一个最基本的假设就是,模型的参数是给定的,基本都没有解释参数的确定规则,仅有少量的模型提到用实际数据拟合得到(刘咏梅等, 2013)。因此,大部分文献在仿真部分与谣言传播相关的参数取值,如传播率、遗忘率、转化率等都是直接假设给定的常数,这是缺乏真实性的(王佳佳, 2014)。但是参数的选择直接影响到仿真的结果,对于实际问题来说,恰当的参数才能保证分析问题的准确性。

关于谣言传播的影响因素的研究中,最早的研究是心理学家 Allport 和 Postman 提出的谣言传播公式,这个公式表明了影响谣言传播的两个重要因素:事件的重要性和模糊性。这是谣言传播的第一个公式。在这个公式提出之后,一些学者做了相关实验研究证明了谣言传播的确和这两个因素有关。Schachter 和 Burdick(1955)探讨了事件的模糊性对谣言传播的影响，在他们的田野调查试验中发现，情境高模糊组中的个体对谣言的传播频率是情境低模糊组个体传播频率的两倍。而 Rosnow（1988）探讨了事件的重要性对谣言传播的影响，通过对本校园谋杀事件发生后的谣言传播进行研究发现，本校园学生传播该谣言的频率是其他校园学生传播频率的两倍。1953 年，荷兰莱顿大学的学者 Chorus 认为谣言的传播还需要考虑听谣者个人的特质。他认为谣言并不是自己传播的，而是包含了人的参与过程。每个人在参与听谣并传播的过程中可能会动用自己的思考。基于这样的分析，他提出了"批判意识"这个影响谣言传播的重要因素。他修改了第一个公式，提出了以下一个谣言传播公式(I(重要性)×A(模糊性))/C(批判意识)。目前研究谣言传播的模型，大多数是从谣言的某一个特性、网络的特性或者社会环境的某一特性出发建立谣言传播模型，比如考虑谣言传播中的犹豫机制（Xia et al., 2015），提出一种新的概率网络模型，推断潜在的网络结构的基础上，在网络中考察谣言、信息，疾病等的传播问题（Zhou et al., 2015）；以及建立一个模型考察事实的真相是如何影响谣言在网络社交媒体上扩散的及事件的模糊性对谣言传播的影响（Sun et al., 2015；Xu and Zhang, 2015）。影响谣言传播的因素不是单一的，建立一个多因素的谣言传播模型是很有必要的，当遇到各类谣言传播问题的时候，通过模型可以模拟预测。

　　鉴于以上分析，将事件的模糊性、重要性和公众的批判意识这三个因素引入到谣言传播模型中。在模型里，这三个因素的影响主要体现在参数上。因为这三个因素本质上都是模糊的概念，所以适合采用模糊集理论来分析这三个因素。在已有的模型中，参数的确定大都是直接给的，但实际上，因为影响谣言传播的因素是模糊的、不确定的，以及这些影响因素是很难量化的，所以其实参数是不易确定的。因此，给出一个参数确切值是很困难的，就算给出了参数值，但很难保证参数的准确性。但是，人们用语言来描述实际情况却是很容易的，而语言值是可以转化为模糊数的，那么就可以建立一个含有模糊系数的谣言传播模型。目前已经有许多学者成功地将模糊理论应用到动力系统上，这些研究主要集中在疾病传播领域和计算机病毒传播领域。有的学者建立了带有模糊参数的 SI 疾病传播模型（Barros et al., 2003），有学者提出了关于计算机蠕虫的传播模糊 SIRS 模型（Mishra and Pandey, 2010），Barros（2014）将模糊理论运用到了疾病传播 SIS 模型。也有文章提到了谣言传播中的模糊问题，但是处理方式太粗糙（Zhao et al., 2016）。这些研究表明在实际问题中有必要考虑模糊环境，也启发了本章应用模糊理论解决谣言传播问题。

5.2　关　键　问　题

　　目前在谣言研究中已经发现了大量影响谣言传播的因素。在已有研究基础之上，将这些因素归结为三个，结合了谣言传播的特点，依次分析事件的重要性、事件的模糊性和公众的批判意识在谣言传播过程中所起的作用。

5.2.1　事件的重要性

　　谣言主要是由重要而又扑朔迷离的事件引起的，Allport 和 Postman 也正是基于这一点提出了经典的谣言传播公式。一般情况下，事件对人们越重要，与人们的日常生活息息相关，那么事件在人们心中的影响力就越大，就越容易滋生谣言。在重大事件发生之后，谣言往往随之产生。人们为了缓解自身的焦虑，使得认知达到一个和谐的状态，会竭力地消除心中的恐惧和慌乱。造谣者利用人们的这种心理，针对新闻事件肆意地发挥夸大以吸引人们的注意。

事件的重要性作为谣言传播的一个重要因素，在心理学上主要从两个维度来反映事件的重要性。①Anthony 认为如果人们对这件事的发生感到焦虑，那么说明这件事对他们来说是非常重要的，所以他提出用焦虑(anxiety)可以作为衡量事件重要性的一个替代变量(Anthony, 1973)。焦虑是人类在与环境作斗争及生存适应的过程中发展起来的基本人类情绪，是一种由于恐惧、害怕、担忧等情绪引起的情感上的紧张状态，它是人们对于即将发生的或可能产生的不好后果的一种担忧。社会危机事件的发生，往往会伴随大量的模糊信息、严重的后果、态势的不确定性，以及在时间约束下进行决策的压力(Runyan, 2006)。不可避免的，这种不寻常的危机情况会伴随着集体焦虑、即兴的群体协作行为等(Janssen et al., 2010；Majchrzak etal., 2007)。②Rosnow (1991)认为谣言传播的数量会随着参与者卷入事件的程度而变化，因此，他指出事件的重要性可以通过个体事件的卷入程度来衡量。个体个人卷入度是人们对自己卷入到该事件中的体验或经历的一种主观感受，成为事件的目击者、事件发生在自己所在的群体里，或者与事件涉及人或物有某种联系等都会使人们觉得这件事情跟自己有关系，从而认为这件事对他们是重要的。一般情况下，人们只会积极参与自己感兴趣的，与自己相关的话题，而对于自己无关的话题并不会产生太多兴趣。总的来说，谣言能够流传的原因是谣言能够降低个体的焦虑情感，人们越焦虑就越容易传播谣言。同时个体感觉到自己与谣言涉及的事件相关程度高时，人们也更容易去传播它(Bordia and Difonzo, 2004；Oh et al., 2013)。通过以上分析，这两个层面都是因为事件的重要性而产生的，事件越重要，越容易滋生谣言。例如，在 2011 年"7·23 甬温线特别重大铁路交通事故"引发了网民对死亡人数的猜测，并出现对官方所通报死亡人数的质疑的现象。因为涉及生命安全的相关信息引起网友的极大关注，所以网民传播谣言，使得事件不断发酵。

5.2.2 事件的相关的网络

通常导致事件模糊性的原因是，事件发生得很突然，当事件成为人们关注的焦点时，主流媒体还没来得及对事件做出相关的报道。也许是由于考虑到事件中牵涉的当事人的相关利益而故意隐瞒，不公开事实的真相；也许是由于发生的事件是灾难性的事件，相关媒体还没有来得及奔赴灾区，或者道路通信设施被破坏。由于消息的滞后性，导致人们处于一种极端模糊的环境中，这时人们急切地希望得到相关的消息以及了解事件的真相。当人们对信息的需求得不到满足的时候，人们就会通过主观推断、即兴创作一些信息来填补信息的空白，这些非正式的即兴新闻就是谣言(Shibutani, 1966)。为了控制模糊环境带来的风险，缓解紧张焦虑的情绪，人们便会根据现有的信息主观地推测、臆断甚至捏造与事件相关的信息。同时人们会将自己的观点与周围的人进行交流，这种信息交互的过程是一个群体协作的过程，在这个过程中对现状解释的信息会达到一致的认知状态，从而形成了谣言。

在心理学上，事件的模糊性分为两个维度。①第一种是来源的模糊性，这是指信息来源的可信性。Shibutani(1966)通过对大量谣言事件的定性分析后，得出当正式渠道的信息不可信时，人们就会用非正式猜测或谣言来补偿。当突发事件发生的时候，人们首先是在官方媒体寻求相关的信息，但是如果官方媒体不能提供相关消息或者官方媒体的公信力很差的时候，人们便会转向非正式渠道、个人社交媒体寻找事实的真相，从而来弥补正式媒体信息的缺失，然后人们根据自己有限的认知或主观意愿对情况作出推断，从而降低模糊水平(Rosnow，1991)。因此如果信息来源是可信的，那么人们便会相信信息，而不会制造谣言(Oh et al., 2013)。②第二种是内容的模糊性，这是指消息内容的模糊性。也许已有的事件的相关消息并不能解释事件发生的原因、事件的具体过程等，这时人们会试图从已有的信息中去抽取清晰的含义，从周围找理由(Allport and Postman, 1947)，以摆脱信息的模糊性(Difonzo and Bordia, 2006)。因此，当信息的内容越模糊的时候，人们便会更频繁地与周围的人讨论交流信息，在这种没有清晰信息的情况下产生了许多不确定的信息，从而滋生了许多的谣言。例如，2014 年 3 月，"马航 MH370 失联"事件发生以后，由于官方媒体对信息的不确定，马航迟迟未有官方公布结果，再加上公布的部分信息前后矛盾，网络上出现了各种各样的谣言，对马航失联的原因众说纷纭，导致各方对结果的猜测不断发酵、传播。

5.2.3 公众的批判意识

在谣言传播过程中，包含了个体参与的过程，个体在听到谣言后会自己思考做出相应的判断。Chorus 提出批判意识是影响谣言传播的重要因素。他认为批判意识包含三个方面。第一个方面是个人的相关知识，如果一个人具有较强的知识背景，知识面比较广泛，了解的学科知识比较多，那么他将不会轻易地相信消息；第二个方面是个人的智慧和洞察力，个体如果具有敏锐的洞察力就会较容易发现谣言的破绽，会自觉抵制不可信的谣言；第三个方面是个人的道德价值观，一个具有较强的思想道德修养的人，如果知道所听的是谣言，那么他就不会继续传播谣言。个体对事件的态度主要是取决于个体对事件的认知和情感。关于谣言的研究已经证实了人们对事件本身持有的态度是相信谣言和传播谣言的重要因素，人们倾向于有选择地解释新证据以符合他们已有的想法(DiFonzo and Bordia, 2002)。在不确定的情况下，人们会在已有的认知基础上对谣言做出一个判断，公众批判能力的大小影响了谣言的传播。比如，2008 年 6 月发生在贵州省瓮安县的"6•28"事件，在该事件中，谣言之所以轻易地获得信任，与群体中个体的批判能力有很大关系。有人说"死者是被奸杀的""死者是被虐死的"，一开始并没有多少人相信，人们带着一种好奇的心理试探性地传播消息，以得到一个合理的解释，没有人站出来批判这则消息，人们只是一味地盲从，谣言就变成了"事实"。在事件发生之后，面对复杂的情境，管理者或者媒体还没来得及应对，而此时人们又非常想知道与事件相关的信息，所以此时为谣言的滋生和传播创造了空间，人们处于恐慌和发泄的心理会很容易相信谣言。但是对于具有深厚的文化素养的人，他们会结合平时所学的知识和经验对谣言进行解释，所以他们通过辨别，不会轻易相信谣言,并能帮助公众正视谣言。比如,在日本大地震后,谣传食用碘盐可以防核辐射,民众疯狂购盐,政府、专家以及不少民间团体自发出面普及科普知识,教导民众用碘盐抗辐射是没有科学道理的,提醒公众谣言的不正确性,才使抢盐风波及时平息。

5.3　构　建　模　型

通过以上的分析,下面将 Chorus 的研究成果与经典的 SIR 传染病模型进行结合,探讨事件的重要性、事件的模糊性和公众的批判意识对谣言传播的影响,建立谣言传播的一般模型。和其他的模型相比,此模型不是考虑谣言传播的某一特性的模型,而是从整体的角度出发建立的适合所有谣言传播的一般性模型。

5.3.1　简单 SEIR 模型

许多的谣言传播模型都是借用疾病传播模型建立的,其中 SIR 模型是疾病传播模型中最经典的模型。为了能够刻画公众的批判意识,本节将人群分为 4 类,在 SIR 模型的基础上加入了潜伏者类,和第 3 章中的分类方法一致。考虑一个复杂社交网络里,有 N 个人,这 N 个人被看作点,人与人之间的直接联系被看作边。每一个时刻,每个个体都会是 4 个状态中的一种。这 4 种状态分布为不知者 $[S(t)]$、潜伏者 $[E(t)]$、传播者 $[I(t)]$、抑制者 $[R(t)]$。假设不知者在遇到传播者时会以概率 1 变为潜伏者。谣言传播的过程如图 5.1 所示。

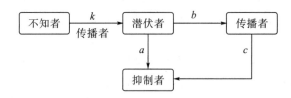

图 5.1　谣言传播过程

记 $S(t)$、$E(t)$、$I(t)$、$R(t)$ 分别表示在 t 时刻不知者、潜伏者、传播者和抑制者在人群中所占的比例,他们满足归一化条件 $S(t)+E(t)+I(t)\ R(t)=1$。同时可以将图中的谣言传播规则总结如下。

(1)每一个人都需要去判断谣言的真实性,因此当不知者遇到传播者的时候,不知者以概率 1 变为潜伏者,设不知者与传播者接触的概率为 k。因此,不知者减少的速度 $\frac{\mathrm{d}S(t)}{\mathrm{d}t}$ 与不知者的所占比例 $S(t)$ 和传播者所占比例 $I(t)$ 成正比,于是可以得到以下微分方程

$$\frac{\mathrm{d}S(t)}{\mathrm{d}t}=-kS(t)I(t) \tag{5.1}$$

(2)潜伏者以概率 b 变成传播者,并且以概率 a 变成抑制者,参数 a、b 受到事件的重要性、事件的模糊性和公众的批判意识的影响。比如,通过上一章的分析,事件很模糊的

时候，个体变为传播者的概率就会很大，因此 b 就会较大。如果个体具有很强的知识背景和认知能力，那么个体由潜伏者变为抑制者的概率就会较大，因为他们不轻信谣言，这时概率 a 就会较大。在此，$a \leq 1$、$b \leq 1$，且 $a + b \leq 1$。这里参数 a、b 并不是受单一某个因素影响的结果，而是由事件的重要性、事件的模糊性和公众的批判意识合力作用的结果。因为当不知者与传播者接触的时候，不知者变为潜伏者的概率为 1，所以潜伏者增加的速度 $\mathrm{d}S(t)/\mathrm{d}t$ 等于

$$\frac{\mathrm{d}S(t)}{\mathrm{d}t} = kS(t)I(t) - bE(t) - aE(t) \tag{5.2}$$

(3) 在传播的过程中，个体可能会受到事件的重要性、事件的模糊性的影响，或者自身的批判意识的改变，而改变自己的状态，从一个传播者变为一个抑制者，停止传播谣言。设传播者变成抑制者的概率为 c。因此，结合式(5.2)可得微分方程

$$\frac{\mathrm{d}I(t)}{\mathrm{d}t} = bE(t) - cI(t) \tag{5.3}$$

式(5.4)结合式(5.2)、式(5.3)可得微分方程，抑制者包含不容易受到谣言影响的潜伏者和改变状态的传播者。因此，抑制者增加的速度 $\dfrac{\mathrm{d}R(t)}{\mathrm{d}t}$ 为

$$\frac{\mathrm{d}R(t)}{\mathrm{d}t} = cI(t) + aE(t) \tag{5.4}$$

基于以上的讨论，整合式(5.1)～式(5.4)，得到以下谣言传播模型为

$$\begin{cases} \dfrac{\mathrm{d}S(t)}{\mathrm{d}t} = -kS(t)I(t) \\ \dfrac{\mathrm{d}E(t)}{\mathrm{d}t} = kS(t)I(t) - bE(t) - aE(t) \\ \dfrac{\mathrm{d}I(t)}{\mathrm{d}t} = bE(t) - cI(t) \\ \dfrac{\mathrm{d}R(t)}{\mathrm{d}t} = cI(t) + aE(t) \\ S(0) = S_0, E(0) = 0, I(0) = 1 - S_0 > 0, R(0) = 0 \end{cases} \tag{5.5}$$

在系统中，开始阶段只有少量的谣言传播者和不知者，谣言传播者与不知者接触获得谣言信息，以概率 1 变成潜伏者，进入一个判断状态。受到事件的重要性、模糊性和批判意识的影响，个体可能从潜伏者变为传播者，也有可能变为抑制者。随着谣言的增长，传播者的数量开始增长并到达一个峰值，最后呈下降的趋势。不知者的数量则是从开始的数量快速地减少，直到谣言传播结束，达到一个稳定状态。而抑制者的变化趋势则和不知者变化趋势相反，一直呈一个上升趋势，最后达到稳定状态。其中，潜伏者的变化和传播者的变化趋势是一致的，只是潜伏者的峰值没有抑制者的峰值大，如图 5.2 所示。

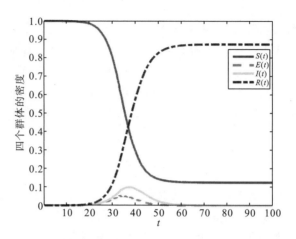

图 5.2　简单 SEIR 模型中四个群体的密度

5.3.2　模糊 SEIR 模型

在传播动力学研究中，模糊数被引入了疾病传播领域，以及计算机病毒传播领域，并且应用到了一般的 SI 模型、SIR 模型和 SIRS 模型等中。目前有少数的文献将模糊理论引入谣言传播模型，但引入模糊理论的谣言传播模型的处理方式相对比较粗糙。下面介绍已有的将模糊数引入 SIR 模型而得的谣言传播模型。

1. 模糊 SIR 模型

由于谣言的传播受到各种各样因素的影响，因此谣言的传播受到各因素的合力——传播能力的影响。传播能力是与个体经验、知识和谣言传播者的个人魅力，以及谣言的内容等有关的一个变量，传播能力被看成一个三角模糊数 x。在 Zhao 等(2016)中，传播能力作为一个模糊数引入 SIR 模型中，借用计算机蠕虫传播中参数的定义方式(Mishra and Pandey, 2010)，定义了模型中各参数为 x 的函数。当不知者遇到传播者时，在传播能力的作用下，其变为传播者的概率为 x 的函数，定义为

$$\lambda(x)=\begin{cases}0, & x<x_{\min} \\ \dfrac{x-x_{\min}}{x_M-x_{\min}}, & x_{\min}\leqslant x\leqslant x_M \\ 1, & x_M\leqslant x\leqslant x_{\max}\end{cases}$$

当传播能力 x 低于 $x_{\min}$ 时，不知者遇到传播者，不知者转化为传播者的概率可以忽略不计。当传播能力大于 x_M 时，个体将接受和传播谣言。$x_{\max}$ 表示传播能力最大值。

在 SIR 模型中的传播者变为抑制者的恢复率也定义为传播能力 x 的函数，定义为

$$\mu(x)=1+\frac{(\mu_0-1)}{x_{\max}}$$

其中，μ_0 大于 0，表示最低的恢复率。

将模糊参数引入 SIR 模型中，得到带有模糊参数的谣言传播模型

$$\begin{cases} \dfrac{\mathrm{d}S(t)}{\mathrm{d}t} = -\lambda(x)S(t)I(t) \\[2mm] \dfrac{\mathrm{d}I(t)}{\mathrm{d}t} = \lambda(x)S(t)I(t) - \mu(x)I(t) \\[2mm] \dfrac{\mathrm{d}R(t)}{\mathrm{d}t} = \mu(x)I(t) \\[2mm] S(t) + I(t) + R(t) = 1 \end{cases}$$

在以上模型中,传播能力是与个体经验、知识和谣言传播者的个人魅力,以及谣言的内容等有关的一个变量,但是并没有指出具体的是哪些因素,也没有给出传播能力与这些因素的关系式,传播能力是一个非常粗糙模糊的概念。在没有给出参数设置的规则情况下,利用模型研究谣言传播的规律是不准确,或者说是难以进行的。因此,针对此模型需要解决的问题是:第一,要理清影响谣言传播的因素。不能泛泛地说谣言传播的因素,而应该仔细分析谣言传播的特征,对谣言传播的影响因素进行分类,提取出其中的核心因素。第二,给出传播能力的具体定义,弄清传播能力与哪些因素有关。只有给出传播能力的定义之后,才能确定传播能力的具体值,最后才能计算模型中的参数。下面将解决这两个问题,首先给出传播能力的具体定义。

2. 传播能力的定义

心理学家 Chorus 提出的谣言传播公式中表明了影响谣言传播的三个重要因素:引发谣言的事件的模糊性、事件的重要性、公众的批判意识。本章定义这三个重要因素的综合影响力为传播能力,即传播能力等于事件的重要程度乘以事件的模糊程度,再除以公众的批判意识水平。一般来说,事件越重要,越模糊,公众的批判意识越弱,谣言的影响力就越大。如果重要程度或者模糊程度为 0,或者是批判意识很强,那么谣言就不会传播。因此,谣言传播能力的定义如下所示。

【定义 5.1】 谣言传播能力(T)=(事件的重要程度×事件的模糊程度)/公众的批判意识水平。

由于考虑到决策者思维的模糊性和各因素很难用确定常数进行定量表示,因此将事件的重要性、事件的模糊性和公众的批判意识这三个因素用模糊数来刻画它们的程度。在不同情况下,每个因素的程度就不一样。受到层次分析法(analytic hierarchy process, AHP)思想的启发,结合模糊效用函数建立了语言集转化为模糊数的标准对照表,如表 5.1 所示。这里选择三角模糊数的原因是三角模糊数广泛的应用性,以及相对其他模糊数,三角模糊数的处理要容易一些。同时,针对每一种情况,决策者心中会有一个认为可能性最大的值,因为决策者具有思维的模糊性的特点,真实情况应该在这个值的左右。如果直接用区间数来表示,是不符合现实的,因为区间数表示区间内所有的值都会以相同的概率取得。因此,应该采用三角模糊表示,三角模糊数的主值是隶属度最高的值,离主值越远的值,隶属度越低。

表 5.1　语言集转化为模糊数的标准对照表

评价等级	重要性等级	模糊性等级	批判意识等级	三角模糊数
1	很不重要	很清楚	很低	(0, 0.1, 0.3)
2	不重要	清楚	低	(0.1, 0.3, 0.5)
3	一般	一般	一般	(0.3, 0.5, 0.7)
4	重要	模糊	高	(0.5, 0.7, 0.9)
5	很重要	很模糊	很高	(0.7, 0.9, 1)

三角模糊数的隶属函数(Ronald and Robert, 1997a)如下

$$\tilde{u}(x) = \begin{cases} 0, & x < l \\ \dfrac{x-l}{m-l}, & 1 \leqslant x \leqslant m \\ \dfrac{\mu-x}{\mu-m}, & m \leqslant x \leqslant u \\ 0, & x > u \end{cases}$$

记 $\tilde{p} = (l, m, u)$ ，其中 l, m, u 为实数，且 $0 \leqslant l \leqslant m \leqslant u$ ， m 称为三角模糊数 $\tilde{p}$ 的主值， l 和 m 分别为 $\tilde{p}$ 的上界和下界， $m-l$ 和 $u-m$ 分别称为 $\tilde{p}$ 的下限和上限。当 $l = m = u$ 时，是一个实数，当 $u-l$ 的数值越大，三角模糊数模糊程度越高，如图 5.3 所示为三角模糊数的隶属度函数图形。

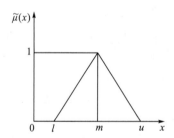

图 5.3　三角模糊数的隶属度函数图形

3. 传播能力的计算

为了计算传播能力，将以上的三角模糊数采用 α 截集技术(Ronald and Robert, 1997b)转化为区间数。首先介绍区间数的四则运算法则(胡启洲和张卫华, 2010)，对于两个区间数 $A^{\alpha} \left[A_L^{\alpha}, A_R^{\alpha} \right]$， $B^{\alpha} = \left[B_L^{\alpha}, B_L^{\alpha} \right]$， A_L^{α}， A_R^{α}， B_L^{α}， B_L^{α} 都大于 0 时，有

$$A^{\alpha} \oplus B^{\alpha} = \left[A_L^{\alpha} + B_L^{\alpha}, A_R^{\alpha} + B_R^{\alpha} \right]$$

$$A^{\alpha} \otimes B^{\alpha} = \left[A_L^{\alpha} \cdot B_L^{\alpha}, A_R^{\alpha} \cdot B_R^{\alpha} \right]$$

$$A^{\alpha} \oslash B^{\alpha} = \left[A_L^{\alpha} / B_R^{\alpha}, A_R^{\alpha} / B_L^{\alpha} \right]$$

式中，符号 $\oplus$、$\otimes$、$\oslash$ 分别表示的是区间数的加法、乘法和除法。

在计算时，三角模糊数通常可以对应于一定的可信水平的 α 截集技术，进而转化为区

间数来运算(Ronald and Robert, 1997a)。即

$$A^{\alpha} = \left[A_L^{\alpha}, A_R^{\alpha}\right] = \left[(m-l)\alpha+l, u-(u-m)\alpha\right], \alpha \in [0,1] \tag{5.6}$$

令 $\alpha \in [0,1]$，α 越大，表示数据越接近平均值。数据出现的频率越高，区间范围就越小。设 $\alpha = 0.9$，这是一个人们较易接受的程度。假设有两个三角模糊数 $\tilde{A}$ 和 $\tilde{B}$，记其对应的 α 截集是：$A^{\alpha} = \left[A_L^{\alpha}, A_R^{\alpha}\right]$，$B^{\alpha} = \left[B_L^{\alpha}, B_R^{\alpha}\right]$，应用区间数的运算法则可以计算出传播能力 T，将传播能力 T 转化为一个区间数。

4. 参数的定义

由于传播能力和谣言传播有正相关性，也就是说传播能力越强，个体传播谣言的可能性就越大。传播能力是由模型中的参数来反映的，所以模型中的转化参数应该是传播能力的函数。因此，潜伏者转化为传播者的转化概率 b 是传播能力 T 的函数，记为 $b(T)$。为了得到 $b(T)$，假设当传播能力低于 $T_{\min}$ 时，转化概率 $b(T)$ 可以忽略不计。而对于一定的 T_M，转化概率会达到最大且等于 1。并假定谣言的传播能力总是 $\leqslant T_{\max}$，则 $b(T)$ 的定义如下

$$b(T) = \begin{cases} 0, & T < T_{\min} \\ \dfrac{T - T_{\min}}{T_M - T_{\min}}, & T_{\min} \leqslant T \leqslant T_M \\ 1, & T_M \leqslant T \leqslant T_{\max} \end{cases} \tag{5.7}$$

传播能力也影响到了个体变成抑制者的概率。传播能力越强，个体变为抑制者的概率就越小。因此，潜伏者转化为抑制者的概率 a 和传播者转化为抑制者的概率 c 是关于传播能力的减函数，即

$$c(T) = 1 - \frac{(1-c_0)T}{T_{\max}} \tag{5.8}$$

$$a(T) = 1 - \frac{(1-a_0)T}{T_{\max}} \tag{5.9}$$

式中，$c_0 \in (0,1)$，是转化概率 c 在谣言传播开始时的初始值；$a_0 \in (0,1)$，是转化概率 a 在谣言传播开始时的初始值。

因为潜伏者是一个判断状态，所以潜伏者比传播者更易受到传播能力的影响。一般情况下，潜伏者转化为抑制者的概率比传播者转化为抑制者的概率大。也就是说，通常 $a_0 \geqslant c_0$，$a(T)$ 应大于 $c(T)$。

5. 模型的建立

因此，在简单 SEIR 模型(5.5)的基础上，把参数 a、b、c 变成传播能力的函数 $a(T)$、$b(T)$、$c(T)$，则得到以下带模糊参数的谣言传播模型：

$$\begin{cases} \dfrac{\mathrm{d}S(t)}{\mathrm{d}t} = -kS(t)I(t) \\[2mm] \dfrac{\mathrm{d}E(t)}{\mathrm{d}t} = kS(t)I(t) - b(T)E(t) - a(T)E(t) \\[2mm] \dfrac{\mathrm{d}I(t)}{\mathrm{d}t} = b(T)E(t) - c(T)I(t) \\[2mm] \dfrac{\mathrm{d}R(t)}{\mathrm{d}t} = c(T)I(t) + a(T)E(t) \\[2mm] S(0) + S_0, E(0) = 0, I(0) = 1 - S_0 > 0, R(0) = 0 \end{cases} \qquad (5.10)$$

根据以上建立谣言传播模型的描述，可以总结出利用模型进行分析和预测谣言传播的步骤。

(1)在事件发生后，通过咨询专家，对事件的重要性、模糊性和公众的批判意识等级按照表 5.1 标准进行描述，将专家语言描述值转化为三角模糊数。由此，得到三个因素各自对应的三角模糊数。

(2)采用 α 截集技术，即式(5.6)将三个因素的三角模糊数转化为区间数。根据定义 5.1 可知，谣言传播能力是三个因素的函数。因此，为了方便计算，利用区间数的运算法则，计算出谣言传播能力的值，按照运算规则，传播能力转化为一个区间数。

(3)根据计算出的传播能力，利用式(5.7)、式(5.8)、式(5.9)计算出参数 $a(T)$、$b(T)$和 $c(T)$，这三个参数也应为区间数，记为 $a(T) = [a(T)_L, a(T)_R]$、$b(T) = [b(T)_L, b(T)_R]$、$c(T) = [c(T)_l, c(T)_R]$，分别将 $a(T)_L$、$b(T)_L$、$c(T)_L$ 代入模型，以及将 $a(T)_R$、$b(T)_R$、$c(T)_R$代入模型，对谣言传播进行分析预测。

综上所述，应用以上谣言传播模型分析预测谣言传播的流程如图 5.4 所示。

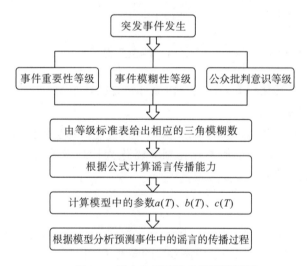

图 5.4　谣言传播模型分析预测流程

5.4　模　拟　仿　真

在传统的模型中，整个谣言传播过程中个体状态之间的转化概率基本都设定为常数，通过以上分析，模糊 SEIR 模型中的转化概率为传播能力的函数。在模型中考虑了事件的模糊性、事件的重要性和公众的批判意识这三个因素。这三个因素在谣言传播的过程中起到了非常重要的作用。下面仿真在不同情况下传播能力对谣言传播的影响，并将此模型用来分析"7·23 甬温线特别重大铁路交通事故"中产生的谣言，以此验证模型的有效性。为了更好地理解谣言传播的规律，观察不同的重要程度、模糊程度和批判意识程度对谣言传播的影响，首先模拟几种特殊情况，再将模型应用到实际案例中。

5.4.1　特殊情况

情况 1. 假设引发谣言的事件很清楚、事件很重要以及公众批判意识一般，在这种情况下，从表 5.1 可以看到分别对应的三角模糊数是 $(0, 0.1, 0.3)$、$(0.7, 0.9, 1)$ 和 $(0.3, 0.5, 0.7)$。这三个模糊数可以通过 α 截集技术转化为区间数 $[0.09, 0.12]$、$[0.88, 0.91]$ 和 $[0.48, 0.52]$；并且通过区间数的运算规则可以计算传播能力 $T = [0.15, 0.23]$。假设谣言传播的传播能力都大于 $T_{min} = 0.1$。当传播能力低于 0.1，接收者传播谣言的可能性可以被忽略。当传播能力大于 $T_M = 2$ 时，传播者必定相信谣言并且传播谣言。在这里，T_{min} 和 T_M 是根据计算多种情况的结果比较得来的，取事件很清楚、事件很重要，而公众批判意识不同程度的时候，计算出 T，比较结果可知，$T_{min} = 0.1$、$T_M = 2$ 比较合适。取 $a_0 = 0.2$，$c_0 = 0.1$，因此当 $T_L = 0.15$ 时，$a(T)_R = 0.94$，$b(T)_L = 0.027$，$c(T)_R = 0.93$，当 $T_R = 0.23$ 时，$a(T)_L = 0.91$，$b(T)_R = 0.067$，$c(T)_L = 0.90$。仿真结果如图 5.5 所示，从图 5.5 可以看出在这种情况下谣言根本就不会传播，尽管传播能力是大于 0.1 的，各个人群的状态均未发生改变。仔细检查仿真结果，当事件很清楚、事件很重要和公众的批判意识程度很低的时候，谣言也不会传播。当然，公众的批判意识很强的时候，谣言肯定不会传播了。也就是说，无论事件有多么重要，公众的批判意识如何，当事件很清楚的时候，因为事件的信息足以满足人们对事件真实性的索求，所以人们不会去滋生谣言。这种情况可以用来解释"昆明火车站暴恐事件"，在这个事件中，尽管事件吸引了很多人的关注，但是事实很快就清楚了，官方很快就发布了这个事件的事实真相，所以就没有产生相关的谣言。

情况 2. 假设引发谣言的事件很模糊，事件不重要，公众批判意识一般，在这种情况下，从表 5.1 可以看到分别对应的三角模糊数是 $(0.7, 0.9, 1)$、$(0.1, 0.3, 0.5)$ 和 $(0.3, 0.5, 0.7)$。这三个模糊数可以通过 α 截集技术转化为区间数 $[0.88, 0.91]$、$[0.28, 0.32]$ 和 $[0.48, 0.52]$；并且通过区间数的运算规则可以计算出传播能力 $T = [0.47, 0.61]$。依然假设 $T_{min} = 0.1$，$T_M = 2$，$a_0 = 0.2$，$c_0 = 0.1$。因此可以计算出当 $T_L = 0.47$ 时，$a(T)_R = 0.82$，$b(T)_L = 0.19$，$c(T)_R = 0.79$。当 $T_R = 0.61$ 时，$a(T)_L = 0.75$，$b(T)_R = 0.27$，$c(T)_L = 0.73$。在这种情况下画出的图和上一种情况一样，如图 5.5 所示。仿真结果，当事件很模糊、事件不重要以及公众的批判意识程度很低的时候，谣言也不会传播。当然，公众的批判意识很强的时候，谣言肯定不会传播了。这个情况说明了，无论事件有多么模糊，公众的批判意识如何，当事件不重要的时候，事件根本就不能吸引人们的注意，那么当然与之相关的谣言也就根本不会传播了。这种情况模型仿真结果和第 4 章提到的心理学家 Allport 和 Postman 所分析的一个经典案例的结果一致。

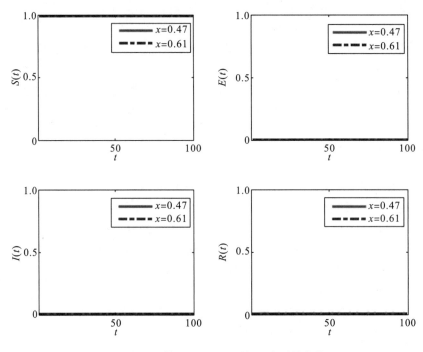

图 5.5　情况 1、2、3 的 4 个群体变化

情况 3. 假设引发谣言的事件很模糊，事件很重要，公众批判意识很强，在这种情况下，从表 5.1 可以看到分别对应的三角模糊数是 (0.7, 0.9, 1)、(0.7, 0.9, 1) 和 (0.7, 0.9, 1)。这三个模糊数可以通过 α 截集技术转化为区间数 [0.88, 0.91]、[0.88, 0.91] 和 [0.88, 0.91]；并且通过区间数的运算规则可以计算出传播能力 T =[0.85, 0.94]。假设 $T_{\min}$ =0.1，T_M = 2，a_0 =0.2，c_0 =0.1。因此可以计算出当 T_L =0.85 时，$a(T)_R$ =0.66，$b(T)_L$ =0.39，$c(T)_R$ =0.72。当 T_R =0.94 时，$a(T)_L$ =0.62，$b(T)_R$ =0.44，$c(T)_L$ =0.58。在这种情况下画出的图和上两种情况一样，如图 5.5 所示。也就是说，无论事件有多么重要，事件有多么模糊，当公众的批判意识很强的时候，说明人们的判断能力很强，所以谣言也就不会传播，整个人群的结构不会发生改变。这个结果正好对应了中国的一句谚语"谣言止于智者"。对于那些理智的、坚信科学的人来说，他们不会轻易相信谣言。他们可能会结合实际情况，给身边的人一个较为科学和合理的解释，从而有效地化解谣言。三种情况数据整理归纳在表 5.2 中。

表 5.2　三种情况对应的各参数的值

情况	情况 1	情况 2	情况 3
重要性等级	很重要	不重要	很重要
	(0.7, 0.9, 1)	(0.1, 0.3, 0.5)	(0.7, 0.9, 1)
模糊性等级	很清晰	很模糊	很模糊
	(0, 0.1, 0.3)	(0.7, 0.9, 1)	(0.7, 0.9, 1)
批判意识等级	一般	一般	很高
	(0.3, 0.5, 0.7)	(0.3, 0.5, 0.7)	(0.7, 0.9, 1)
传播能力	[0.15, 0.23]	[0.47, 0.61]	[0.85, 0.94]
$a(T)$	[0.91, 0.94]	[0.75, 0.82]	[0.62, 0.66]
$b(T)$	[0.027, 0.067]	[0.19, 0.27]	[0.39, 0.44]
$c(T)$	[0.90, 0.93]	[0.73, 0.79]	[0.58, 0.72]

5.4.2　模型应用

2011 年 7 月 23 日晚，在甬温线浙江省温州市境内，从北京开往福州的 D301 次列车与杭州开往福州的 D3115 次列车发生动车组列车追尾事故。此次事故确认共有六节车厢脱轨，造成了 40 人死亡、172 人受伤。这次重大的交通事故引起了公众的高度关注，在短短的几天内，人们通过微博发布了数千万条与事故相关的信息。同时，事故的发生也引发了许多话题的激烈讨论，比如事故发生的原因、搜救方式是否恰当、搜救是否结束得太早、车头迅速被掩埋等。这些话题引发了社会的高度关注和大量讨论，同时也使得相关谣言迅速地传播。本节通过搜集与事件相关的微博数据，与模型的仿真结果进行对比，来说明模型的有效性。

为了研究"7·23 甬温线特别重大铁路交通事故"中谣言在社交网络中传播的情况，本书搜集了此次事故中谣言传播的样本数据。所搜集的数据集来自中国最大的微博网站——新浪微博。从 2011 年 7 月 24～31 日每天随机抽取 550 个用户，爬虫这些用户所发的微博信息，总共抽取了 4400 个样本。为了便于采集该事故中关于谣言传播的信息，搜集统计了 6 种主要的谣言，如表 5.3 所示，通过谣言的关键词过滤每天从 0～24 点的微博数量，以确定每一种谣言的微博数量。表 5.4 统计并归纳了从 2011 年 7 月 24～31 日每天各种谣言的数量。

表 5.3　在"7·23 甬温线特别重大铁路交通事故"中的 6 种谣言

谣言	关键词
谣言 1	死亡上限为 35 人
谣言 2	掩埋活人
谣言 3	遗体未经家属同意被集体火化
谣言 4	高铁司机培训只有 10 天时间
谣言 5	抗命坚持救援特警支队长被报道后受处分
谣言 6	高铁系统存在 Bug，两名无证程序员被逮捕

　　根据以上的数据，谣言传播的数据拟合曲线如图 5.6 所示，为了使曲线便于观察，没有画出每种谣言的曲线，只选了 2 条有代表性的曲线和总体数量的曲线。图 5.6 画的是第 3 种谣言和第 6 种谣言以及总体谣言数量的图，子图是总体谣言数量的一个缩略图。

　　从图 5.6 可以看出，在开始的时候谣言 6 传播得比较快，而谣言 3 却是缓慢传播的。比较两条曲线的意义，可以很容易找到原因。谣言 3 的曲线代表的是谣言"遗体未经家属同意被集体火化"的传播走势图。从时间上来讲，应该是在搜救了一段时间后才会谈及遗体火化的问题，也就是说政府考虑怎么处理这个问题应该在搜救进行了一段时间后。所以与遗体火化有关的谣言自然会在事情发生了一段时间之后产生。谣言 6 的曲线是代表谣言"铁路系统存在 Bug，两名无证程序员被逮捕"的传播趋势图。这个谣言实质是在猜测事故发生的原因，在政府没有给出事故发生的具体原因的时候，人们编造谣言解释事故发生的原因。当重大事故发生后，人们肯定非常想知道事故发生的原因，所以从一开始便有与原因相关的谣言，当环境极度模糊，而人们又非常想知道相关信息的情况下，人们往往会去相信并传播谣言以缓解自己的焦虑情绪。直到 2011 年 7 月 25 日，杭州警方否认两个程序员被捕，并且证明了与这个谣言有关的网上的照片和视频是合成的，谣言的数量才开始下降。在开始阶段，图 5.6 中 3 条曲线中传播者的比例都有增加，增加到一个峰值后，随着时间的推移，传播者的比例开始减少。然而，谣言 3 的曲线和总量的曲线并没有一直减少，大约在 $t=14h$ 的时候传播者的比例有一个小幅度的增长。根据现实情况，产生这个小波峰的原因很明显。在 2011 年 7 月 29 日，中宣部新闻局的禁令称，鉴于 "7·23 甬温线特别重大铁路交通事故"，境内外舆情趋于复杂，各地方媒体包括子报、子刊及所属新闻网站对事故相关报道要迅速降温，除正面报道和权威部门发布的动态消息外，不再做任何报道，不发任何评论。这一禁令加强了人们对事件的关注，微博成为他们发泄的一个重要工具，由此微博谣言传播者的比例再次攀升。

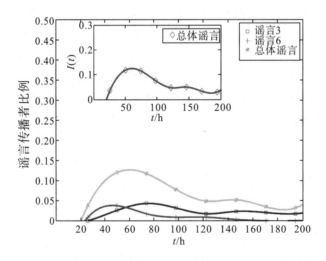

图 5.6　"7·23 甬温线特别重大铁路交通事故"中谣言传播者比例的变化趋势

表 5.4　微博数量

日期 时间/h	7 月 24 日 26	7 月 25 日 50	7 月 26 日 74	7 月 27 日 98	7 月 28 日 122	7 月 29 日 146	7 月 30 日 170	7 月 31 日 194
谣言 1	1	5	1	1	1	2	1	1
谣言 2	4	12	8	4	2	3	2	1
谣言 3	0	9	15	11	4	8	6	2
谣言 4	5	3	9	6	3	3	2	2
谣言 5	0	0	2	2	1	1	0	0
谣言 6	3	13	6	3	1	1	0	0
总量	13	42	41	27	12	18	11	6

　　通过分析"7·23 甬温线特别重大铁路交通事故"，可以确定这个事故对于人们来说很重要，在短时间内吸引了很多人的关注。因为高铁是人们出行普遍使用的交通工具，事故的发生与人们的生命息息相关，所以这个事件是非常重要的。在整个传播过程中，直到搜救结束官方都没有说明事故发生的原因，并且官方在搜救过程中对一些问题的解释不清楚，这种模糊的解释使人们陷入极度的焦虑和恐慌，所以这个事件本身是非常模糊的。由于数据来自新浪微博，而新浪微博的主要用户年龄在 18 ～25 岁(钱颖等，2012)，假设他们的批判意识程度一般。根据表 5.1 可以得到事件的重要程度、模糊程度和批判意识程度对应的三角模糊数是 $(0.7, 0.9, 1)$、$(0.7, 0.9, 1)$和 $(0.3, 0.5, 0.7)$。这 3 个模糊数转化为区间数 $[0.88, 0.91]$、$[0.88, 0.91]$ 和 $[0.48, 0.52]$，根据区间数的运算规则可得　$T = [1.489, 1.725]$，假设 $T_{min} = 0.1$，$T_M = 2$，$a_0 = 0.2$，$c_0 = 0.1$。所以当 $T = 1.49$ 时，$a(T)_R = 0.41$，$b(T)_L = 0.73$，$c(T)_R = 0.33$；当 $T = 1.73$ 时，$a(T)_L = 0.31$，$b(T)_R = 0.86$，$c(T)_L = 0.22$。将模型是在 Yuan 等 (Yuan and Liu, 2013)在新浪微博上爬取的网络上运行，选择这个在线网络的原因是它来自新浪微博的真实网络。其运行的结果如图 5.7 所示。

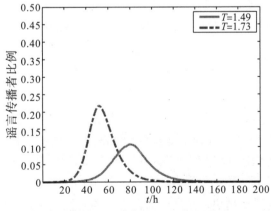

图 5.7　传播者比例随时间变化图

　　从图 5.7 可以看到当传播能力 $T = [1.49, 1.73]$，传播者比例的峰值是 0.125 ～0.24，并且到达峰值的时间分别是在 $t = 43$ 和 $t = 79$。结合图 5.6 可以看到，在真实数据拟合图中，传播者比例大概是在 t=60 的时候达到的峰值（大概是 0.14），很显然，到达峰值的时间和峰值均是落在模型模拟的范围内的。从模型模拟的结果看，谣言大约会在 t=120 ～ t=140 的某个时间终止，对比图 5.6 可得，传播者比例从 t=75 ～ t=120 一直在下降，但是由于特殊情况，政府的禁言行为又使得谣言传播者比例有所增加。但是猜测如果在 t=120 时没有政府的禁言行为，传播者的比例会一直下降。应用本章的模型进行估计的时候，需要注意的一点是，时间的步长问题，如果要想模型估计的时间点和现实的时间点是相契合的，那么需要考察以往的类似事件发生的时候，时间步长是怎么设置的，这样模型估计的时间点才是有意义的。总的来说，模型对谣言传播关键点的值的估计区间是精确的，"7·23 甬温线特别重大铁路交通事故"中引发的谣言传播的关键值均落在所估计的区间内。由此可以根据模型预测谣言在整个人群中的影响力，通过模型仿真可以得到图 5.8，人群中谣言抑制者的比例随时间的变化图。从图 5.8 可以看出，到谣言传播终止的时候，人群中大概有 87%～98% 的人听说过谣言，可以看到在"7·23 甬温线特别重大铁路交通事故"中谣言的影响力是非常大的。这也是国家在最后采用禁令的方式来控制谣言传播引发的舆情的原因。

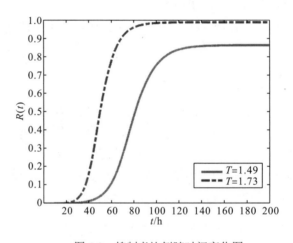

图 5.8　抑制者比例随时间变化图

5.5　参　数　分　析

这一节将分析几个参数对模型仿真的影响。首先，分析谣言传播者比例的初始值对谣言传播的影响。给定 T=1.49，其他参数和特殊情况 1 的参数一样，调整谣言传播中传播者的初始值 S_0。图 5.9 展示了针对不同的 S_0，传播者的密度和抑制者的密度随时间变化的曲线图。通过观察以上的图，可以看到在其他参数都一样的情况下，S_0 越大，即开始时传播者越多，谣言传播得越快，并且在谣言终止的时候，谣言影响的人就越多。也就是说 S_0 越大，谣言就会传播得更快更广，传播的过程就会越短，峰值也会越大。通过更仔细检查，若 S_0 的变化很微小时，整个传播过程不会有太大差异，仅在 S_0 变化大到一定程度时，传播曲线才会发生变化。

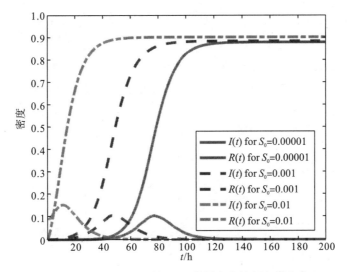

图 5.9　针对不同的 S_0，传播者和抑制者的密度

　　图 5.10 是针对不同的潜伏者转化为抑制者的初始值 a_0，传播者密度和抑制者密度随时间变化的曲线图。大体看来，随着参数 a_0 的增加，传播者的峰值和抑制者最后的数量会随之减少。这是因为 a_0 越大代表有更多的传播者转化为抑制者，所以抑制者密度的增加影响了整个谣言传播的过程。虚线、点虚线和实线分布表示的是当 $a_0=0.2$、$a_0=0.4$ 和 $a_0=0.6$ 的时候的传播者和抑制者的密度变化图。可以看到 a_0 越大，传播者的峰值就越小，谣言传播终止得就越慢。当 a_0 大到一定的程度的时候，a_0 的变化几乎对谣言传播没有影响。因为 a_0 越大，会产生更多的抑制者，当抑制者达到一定的程度的时候，谣言传播得非常慢甚至不传播。显然，当其他参数不变的时候，a_0 的值越大，就会有越多的抑制者，谣言的影响力也就越小。

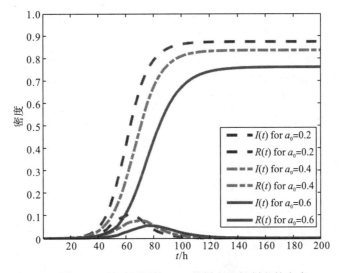

图 5.10　针对不同的 a_0，传播者和抑制者的密度

图 5.11 是针对不同的传播者转化为抑制者的初始值 c_0 ，传播者密度和抑制者密度随时间变化的曲线图。从图 5.11 可以看出，在其他参数不变的情况下， c_0 越大，谣言的影响力越小。 c_0 表示的是传播者变为抑制者的概率，那么 c_0 越大就会有更多的传播者变为抑制者。随着抑制者数量的增加，谣言的影响力肯定会变得越小。同时，从图 5.11 可以看到，当 $c_0=0.5$ 的时候，谣言传播过程中传播者的数量基本没有发生变化，一直接近或等于 0。这表示 $c_0=0.5$ 是较大的概率，如果 $c_0>0.5$，谣言将不会传播。

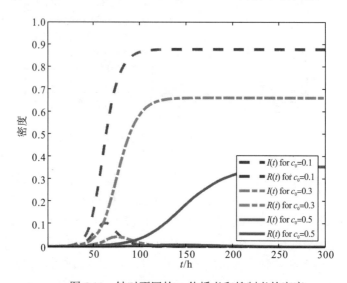

图 5.11　针对不同的 c_0 传播者和抑制者的密度

5.6　模 型 讨 论

在谣言传播过程中，个体从一个状态转换为另一个状态的转化概率不应该是一个固定的常数，而应是一个模糊参数。转换概率受到谣言的传播能力的影响，谣言传播能力则受引发谣言的事件本身的特性和公众的经验、知识结构等因素的影响。在复杂的传播系统中这些因素的确切值是很难给出的，所以本章结合心理学家对谣言传播的研究将这些因素进行分类，分为事件的重要性、事件的模糊性和公众的批判意识。这三个因素影响了谣言的传播能力，将这三个因素作为模糊数引入传统的 SEIR 模型。那么政府管理者只需对这些因素进行语言描述，参数用模糊数来表示，便可以把这些信息输入模型了。这显然比把参数设定为常数要更符合实际情况。

从模型可以看出，事件的模糊性和事件的重要性以及公众的批判意识在谣言传播的过程中起了非常重要的作用。尽管学者们提出了很多谣言传播模型，但是现有的模型都没有完全考虑谣言的这些因素。从三种特殊情况来看，模型模拟的结果和现实情况是一致的。首先，在现实生活中，缺乏清晰的信息会使得公众很焦虑，并迫切想知道事件的事实，而谣言可以去解释事件并且能缓解他们的焦虑感，所以他们愿意去相信谣言并且传播信息。但如果事件是清晰的，人们便不会制造谣言。第二，事件本身不重要，或者当没有新的信息的时候，人们将对事件不感兴趣，他们不会去讨论它，这会使得谣言传播终止。当一个事件的重要程度变为 0 的时候，那么就不会有谣言了。第三，模型也说明了"谣言止于智者"这句谚语，"智者"有很强的知识背景、逻辑能力和判断能力，他们不易相信谣言，所以如果人群中智者很多的时候，谣言也无法传播。

虽然本章针对事件本身特点和个体的认知影响谣言传播的因素做了详细的研究和处理，但是一些来自群体以外的因素没有考虑到，比如，在分析"7·23 甬温线特别重大铁路交通事故"的时候，发现政府的禁令对谣言传播起到了一定的影响。总的来说，以下一些因素可能会被考虑到模型中去。①政府的限制 (Xu et al., 2016)。政府想禁止发表相关信息，在这种强势的控制的状态下，人们可能感到很反感和愤慨，因而会导致谣言传播得更快。②谣言的歧变。在谣言传播过程中，人们不可避免地会把自己的认知、信念和情感夹杂在其中，进而使谣言本身内容可能丢失、发生改变或者重组。此外，模型中所应用的模糊数是三角模糊数，从模拟的结果来看基本是合理的，但是，是不是所有的实际案例都可以应用三角模糊数还需做进一步的研究。

5.7　应 对 策 略

随着微博、微信等新兴社交媒体的出现，使得信息流通的渠道更加多样化。人们随时随地可以使用微博等社交媒体接收和发布消息，这些社交媒体正在不断改变信息的传播途径，已经成为人们日常生活不可缺少的一部分。人际间的传播和大众的传播正在转向网络平台的传播，在这种情况下，个体面向海量信息，增加了选择自己感兴趣信息的机会，也同时有了发表意见的机会。信息分享和意见交流的机会空前扩大，信息复制的成本大幅度降低，从而给信息传播提供了全新的社会空间。在满足公众对于信息渴求的同时，也给非正式渠道中的流言传播提供了"温床"。因此，结合以上仿真结果以及案例分析的研究结果，提出应对网络谣言传播的建议。

在仿真实验中，可以看到当事件不重要，尽管事件非常模糊，公众的批判意识也很弱的时候，谣言都不会传播。这说明事件的重要性是谣言产生的重要因素之一。如果事件不具备有重要性，只具备模糊性，无论有关事件的信息如何扭曲，也无人关心，所以也就没有传播的动力了。以"7·23 甬温线特别重大铁路交通事故"为例，从事件的重要性来讲，高铁事业对我国的经济发展，以及国家的发展格局有很大的战略意义。高铁是人们出行常用的交通工具，当高铁出现重大事故的时候，人们对高铁安全性产生质疑，为动车上的人员性命安危担忧。高铁事故不仅关系到人们的生命安全问题，更关系到一个国家对生命的保障与尊重。因此，当重要事件发生的时候，在谣言孕育期，政府应该注重了解人们的心理动机，分析人们想要知道什么信息，及时公布透露信息，使得公众能够通过正式渠道获取相关信息。如果政府越是掩盖、信息越是不清楚，在事件非常重要的情况下，谣言便有了大肆传播的基础。

在第 3 章分析重复性给谣言带来的影响的时候，个体周围的人不断给个体传递谣言，个体越容易相信谣言。也就是说，谣言在紧密程度越高的群体中，可信度越高，因为群体得出的判断，往往是强加的判断，群体本身是没有逻辑推断能力的，也不能辨别信息的真假，对信息做出正确的判断。但是个体作为社会成员单独存在的时候，是具有完全理性的。通过仿真分析，公众的批判意识对谣言传播有很大的影响。公众的批判意识很强，谣言将不会传播，公众的批判意识薄弱，谣言很容易传播。实际上，在谣言传播的过程中，公众对待谣言稍微理智一点，谣言便会破绽百出，很多谣言是经不起推敲的，所以公众保持理性，对谣言进行分析判断，谣言便不那么容易传播了。因此政府应该致力提高公众的素养，提高公众辨别信息真假的能力和社会责任感。平时应该注意科学知识的普及，这样在突发事件发生的时候，公众才会有较强的认识判断能力，才会让公众在关键时候不盲从，不造谣，不信谣。在日本大地震中之所以引发抢盐潮，是因为听谣者是年龄较大的公众，他们缺乏判断力，缺乏基本科普知识。总的来说，谣言会因为公众的批判意识失去传播的空间，掌握真实信息的人越多，通过群体压力的作用，越能影响和教育周围的人不要轻信谣言，正所谓"谣言止于智者"。

在"7·23甬温线特别重大铁路交通事故"的分析中可见，由于当时关于此事件的舆论被推向了一个高潮，政府采取了限制措施要求所有媒体不能发布与"7·23甬温线特别重大铁路交通事故"有关的负面消息。从微博数据来看，政府采取限制措施后，舆论迎来了一个小的波峰，说明限制并没有完全地抑制谣言的传播，反而使得更多人加入了谣言的传播。有学者研究了在信息传播中限制的问题(Xu et al., 2016)，研究结果表明信息传播的阈值与信息的吸引力和网络的拓扑结构有关，而与抑制的导向没有关系。一般情况下，认为在传播过程中加入限制因素之后会在网络中减少信息的传播，但是结果发现加入限制的因素后导致了更多更深层次的信息的传播。因此，对于政府来说，采用限制的措施来控制谣言的传播，这样可能会激化官方和民众之间的矛盾，引起更多谣言的爆发，根据舆论的"弹力原理"，这种措施可能不能从根本上控制谣言传播。从长远来看，或许暂时控制了谣言的传播，当类似的事件发生的时候，可能会唤醒人们的集体记忆，引发又一次的谣言传播。只有引导公众探索事件的真相，了解事件的真相，把错误的舆论争取到正确的意见方面来，用事实真相去阻断谣言，才能从根本上控制谣言的传播。

5.8 本 章 小 结

本章结合社会学中对谣言的研究成果，将其量化引入谣言传播微分方程动力系统中，在简单的 SEIR 模型的基础上，提出了一个模糊谣言传播模型，这个模型应用模糊理论考虑了传播能力对谣言传播的影响。首先，在分析了谣言传播的影响因素的基础上，定义了传播能力的概念。传播能力由事件的模糊性、事件的重要性以及公众批判意识这三个因素所决定，建立了传播能力与三个因素之间的函数关系。由于三个因素很难量化，本章建立的语言集转化标准表，这三个因素可由决策者用语言来描述，根据语言集转化标准表，可将语言描述转化为三角模糊数。由此，传播能力和模型的参数可根据决策者的描述计算出。将这些模糊参数加入简单 SEIR 微分方程模型，便得到了带模糊参数的模型。

仿真分析中，首先用模型对特殊情况进行仿真，由情况 1、2、3 的仿真结果可以看到，事件重要性很低，或者事件的清晰度很高，或者公众的批判意识很强都不会产生谣言，这个结论和现实是相吻合的。接着，本章在新浪微博上搜集了"7·23 甬温线特别重大铁路交通事故"的数据以证明模型的有效性。仿真结果显示，真实的传播过程中的关键点均落在模型模拟所估计的区间内。为了考察参数的初始值对谣言传播过程的影响，模型模拟了参数 s_0、a_0、c_0 对谣言传播的影响，结果表明当 s_0 越大，a_0 和 c_0 越小的时候，谣言传播得更快更广。最后，根据本章模拟仿真和案例分析的结果，向政府管理部门提供了一些应对谣言传播新的策略和方法。

第6章　官方信息辟谣策略

谣言的肆意传播会给社会带来恐慌，甚至引起社会的不稳定性。为了避免谣言带来的负面影响，政府会采取措施控制谣言的扩散。当谣言发生时，政府相关部门会对谣言进行考证和核实，在考证核实之后，政府对信息进行管理与控制，通常通过官方媒体发布辟谣信息，并及时通报应急进展，保证信息透明，使谣言失去生长土壤。但是辟谣常常不能完全达到预期的效果，尽管知道不能达到理想的效果，但辟谣仍是政府常用的措施之一。因为官方若对谣言放任不管的话，谣言往往会越演越烈，给社会政治经济造成严重的后果，可能会引起社会的动荡不安。Kapferer 说："辟谣是一门棘手的艺术"。当发布了辟谣信息后，系统中出现了两类信息的传播，谣言和辟谣信息，两者在传播系统中竞争。政府能不能有效地控制谣言的传播，辟谣能否成功，关键在于两类信息在系统中是怎样竞争的，即官方辟谣信息和谣言的竞争机制。鉴于此，本章建立了官方辟谣信息和谣言竞争传播模型，并对模型进行了动力学分析和仿真分析。结合模型分析的结果，本章提出政府应对谣言传播的策略。

6.1　问　题　背　景

根据谣言的定义，未经证实是谣言的一个很重要的特点，并且是经过非正式渠道传播的。谣言特别容易发生在突发事件的早期阶段，由于早期的时候，与事件相关的信息匮乏，官方还没有及时公布事件发生状况的时候，公众很难辨别突发事件中的真实信息和谣言，致使谣言通过非正式的渠道在公众中传播开来。比如在 SARS 期间，由于官方没有第一时间发布与 SARS 相关的消息，使得有关 SARS 的各种谣言通过新媒体在较大范围内传播，最后引发了社会抢购板蓝根事件，导致了一定的社会恐慌。按照政府管理者的处理惯例，应对谣言，一般是通过有官方的相关部门发布官方信息来辟谣。国内关于处理应急问题时官方信息传播主要是从新闻学和社会学角度所做的一些定性研究(陈长坤等, 2008)。Jiang(2009)认为在应对由谣言传播引发的次生事件时，需要多个部门机构进行协同应对，以缓解突发事件的局势，减轻突发事件的负面影响。另外，也有从官方的角度通过定量分析提出应对谣言的策略。Funk 等(2009, 2010)等从定量角度研究了由谣言传播引发的非理性从众行为产生的原因，并给出了应对措施。在官方信息的介入后，系统中存在谣言和官方信息两种相互竞争的消息，谣言和官方信息之间相互作用直到传播的终止而结束，这种相互作用是非常复杂的。

简单地说，官方信息的发布，会使得公众进行理性的思考，从而改变个体对谣言的态度，开始怀疑谣言的真实性，那么原来相信谣言的人可能不再相信谣言，变为相信官方信息或者变为知道谣言但不传播谣言的人。这样达到了官方信息发布的目的,使得正在传播的谣言得到了抑制。谣言的传播状态会影响到官方信息发布的频率。在谣言传播初期,谣言传播者的数量不是很多,这时不容易引起官方的注意,官方发布信息的频率就会较低。在谣言传播的高峰期,官方信息发布的频率就会更高。官方信息披露是一种避免公众盲目相信、散布谣言的有效方式(Luis et al., 2006)。官方权威信息可以引导舆论导向,使得受众群体进行理性决策(Thomas, 2011)。因此政府常常采用具有不同可信度和收视率的媒体披露真实的信息,以避免抢购等非理性行为引发负面的群体事件(Li and Chen, 2010)。当权威信息较少时,各种谣言容易大范围传播(Liu et al., 2009)。如果政府不及时发布官方信息,那么谣言很可能引起一系列的突发性群体事件,尤其是在当今互联网快速发展的时代,网络使得谣言可以通过短信、电子邮件、博客等新兴媒体在短时间内快速传播(Silva et al., 2007)。虽然政府通过官方媒体发布应急信息可以有效消除各种猜疑和谣言(Lee et al., 2006),但如何发布应急信息,在什么时间段通过何种媒体以何种力度发布信息以实现预期的控制效果已经变得越来越重要。研究表明,官方媒体信息的可信度和收视率显著影响群体的心理和行为决策方式(Luis et al., 2006)。2007 年,我国网络新闻的覆盖率几乎与报纸新闻的覆盖率保持相同的水平(Kenneth and Yang, 2007)。但是近年来,我国一些官方媒体的公信力有所下降,导致公众可能对政府官方发布的信息产生质疑,对信息的可信度、公正性及准确性持怀疑态度,这不利于突发事件的应对(Huo et al., 2011)。

关于官方辟谣机制的研究,大多数研究是定性方面的研究,而定量方面的研究目前还比较少。①在辟谣的定性研究方面,学者们做了大量的研究,定性地提出辟谣策略的方式主要分为两种类型。一种是通过分析谣言产生和传播的原因、谣言的演化机理或者从法律的角度提出辟谣应对策略,或者通过实例来分析谣言进而提出辟谣措施。另一种是通过谣言传播模型,分析谣言传播的动力学机制,进而提出控制谣言的策略。如 Wybo 和 Latiers(2006)分析突发事件中信息的传播机制,建立模型分析突发事件下的群体行为,提出政府应急管理体制和防范措施。②在定量研究方面,主要通过考察两类信息竞争机制而提出辟谣策略。有学者基于生物学种群间的竞争模型——Lotka-Volterra 模型建立谣言和反谣言的竞争传播模型,并对谣言和反谣言的不同作用关系所产生的四种传播模式进行研究,最后利用微博的谣言案例的实际数据对模型进行了较好的拟合,根据研究模型结果,提出应对微博的管理策略(刘咏梅等,2013)。有学者利用 Lotka-Volterra 模型研究官方微博及时发布辟谣信息与微博谣言在传播过程中的竞争机制。通过数值模拟仿真和实证分析为政府应对突发公共事件的微博舆情提供政策建议(姜景等,2015)。除了谣言和辟谣信息的竞争外,关于两种谣言的竞争研究对辟谣也有一定的借鉴意义。Trpevski 等(2010)在 SIS 模型的基础上,建立了一个推广的 SIS 模型,来考察两种谣言在人群中的传播状况,并假设其中一种谣言在传播过程中具有优势地位。通过在不同拓扑结构的网络中对两种谣言传播的相互影响和竞争关系进行研究,并把模型推广应用到了产品竞争领域。Wang(2014)在此基础上建立了两种谣言同时传播的模型,考虑两种谣言在同一时间同一网络传播的现象,其中也假设一种谣言占有优势地位,结果发现占有优势地位的谣言对另一种谣言有很大的影响。

官方信息的最大特点就是“官方的”“确切的”“正式的”。所以政府作为一种官方力量,在谣言传播的过程中应该起到主导作用。一般情况下,官方信息的公布容易引起公众的注意,可以对工作的舆论起到一个引导作用,可以稳定安抚公众在突发事件下的焦虑心理。但是官方信息并不是总能起到正面的调节作用,当官方媒体公信力不高时,公众可能对官方信息持怀疑态度,官方信息未必能影响公众的判断能力,引导舆论的方向。比如在"马航 MH370 失联"事件,马来西亚官方的信息多次出现前后矛盾的地方,其官方的公信力在公众的心中大打折扣。尽管如此,官方信息的介入对公众的判断力和谣言传播进程是会产生影响的(Bansal et al., 2007;Slater and Rasinski, 2005)。Funk 等(2010)指出媒体报道能够增强公众的怀疑能力,提高公众的自我保护意识和理性意识,使得公众不再盲目相信谣言传播者,对谣言产生谨慎对待的态度,以避免经济损失。在行为层面上,当公众意识到可能遭受到经济损失时,他们不完全会相信谣言,变成怀疑者,使得他们的传播率和主动性降低,而传播率的降低可以影响谣言传播,但是这种意识的增强不会改变谣言爆发的阈值。许多学者研究了在突发事件下媒体信息对传播的影响,尤其是在传染病传播方面。Misra(2011)等认为媒体报道的警惕作用主要是对"易染"状态的群体起到主要的影响作用,具有警惕意识的人不会再与感染状态的人接触。Funk 等(2010)认为自我保护意识的形成会促使公众与"感染者"的接触行为模式发生改变,从而影响整个感染过程,为此他们将整个人群分成具有自我保护意识的人群和不具有自我保护意识的人群,而每一类人群又可以根据他们的感染状态分为易感者、感染者和免疫者三种类型,由此他们建立动力学模型,推导了决定传染过程能否大规模爆发的一个关键阈值——基本再生数。也有学者从突发事件演进的角度出发,研究媒体报道和谣言的关系。Zhang(2009)在著名的三分子模型的基础上扩展得到了谣言传播和突发事件相互作用模型。三分子模型最初起源于化学反应试验,也被称为著名的布鲁塞尔算子,是由诺贝尔经济学奖得主 Prigogine 和他的合作者 Lefever 在 1968 年提出的,该模型引起了众多化学家、物理学家和生物学家们的重视(Li and Chen, 2010)。Zhao 等(2012b)在 Zhang(2009)的模型的基础上加入了官方媒体的收视率和可信度,建立了谣言、事件发展状态、官方媒体共同作用的模型。上述这些研究成果为进一步研究官方信息对谣言传播的影响奠定了坚实的理论基础。

6.2　模　型　建　立

在现实情景下,官方辟谣信息和谣言之间传播的竞争,最终竞争的结果取决于官方辟谣信息和谣言之间的相互作用关系,两者可能相互促进或相互抑制。关于谣言传播和辟谣信息传播的竞争的研究,目前主要是借助于生物种群之间的竞争模型来研究两者的竞争关系。和生物种群的定义类似,学者们(刘咏梅等,2013;姜景等,2015)把社会系统中的人群分为两种,一种是谣言种群,一种为辟谣种群。在传播的环境中,谣言传播用户和辟谣信息传播用户会相互影响、相互替代,最终决定谣言和辟谣信息的竞争结果。下面先介绍基于 Lotka-Volterra 模型辟谣信息和谣言信息的竞争模型,再介绍本章所建立的竞争模型。

6.2.1　Lotka-Volterra 模型

Lotka-Volterra 模型，是由美国种群学家 Lotka(1926)和意大利数学家 Volterra(1928)提出的，最初是用于模拟生态学中种群间竞争的动态关系。生物种群的发展动态关系类似于人类活动的发展进程，所以很早就有学者将其应用于社会经济管理问题的研究中。下面介绍基于 Lotka-Volterra 模型建立谣言信息和辟谣信息的竞争模型(姜景等，2015)，具体如下。

设 $x_1(t)$、$x_2(t)$ 分别是谣言信息和辟谣信息在 t 时刻通过信息交互争取到的信任者数量；r_1、r_2 分别是谣言信息信任者和辟谣信息信任者的增长率；常数 K 为群体的总数，并且假设个体只会相信一种信息，即相信了谣言信息就不会轻易相信辟谣信息，反之亦然。K_1、K_2 分别是谣言信息和辟谣信息所能争取到的信任者数量上限。为了更好地描述两者的竞争关系，引入竞争系数 σ，σ_1 是辟谣信息对谣言信息的竞争系数，σ_2 是谣言信息对辟谣信息的竞争系数。

应用生物种群生长规律，对于谣言信息和辟谣信息，两个种群在单独存在的时候都满足 Logistic 规律，种群开始的时候生长得较快，然后生长速度慢慢下降，最后达到一个稳定的值。即

$$\frac{x_1}{t} = r_1 x_1 \left(1 - \frac{x_1}{K_1} \right)$$

其中，$\left(1 - \dfrac{x_1}{K_1} \right)$ 反映的是，由于其争取到信任者之后，对其自身达到增长上限的抑制效应。

但谣言信息和辟谣信息是共生关系，因此当这两个种群同时存在时，由于辟谣信息的争取作用会对谣言信息的争取作用产生直接影响，于是由 $\left(1 - \dfrac{x_1}{K_1} \right)$ 再减去辟谣信息与其相

对应的竞争系数之积，得到 $\dfrac{K_1 - x_1 - \sigma_1 \dfrac{K_1 x_2}{K_2}}{K_1}$，从而得到谣言信息信任者的数量方程为

$$\frac{x_1}{t} = r_1 x_1 \left(1 - \frac{x_1}{K_1} - \sigma_1 \frac{x_2}{K_2} \right)$$

其中，σ_1 是辟谣信息对谣言信息的竞争系数。

类似地，对于辟谣信息而言，可以得到辟谣信息信任者的数量方程

$$\frac{x_2}{t} = r_2 x_2 \left(1 - \frac{x_2}{K_2} - \sigma_2 \frac{x_1}{K_1} \right)$$

其中，σ_2 是谣言信息对辟谣信息的竞争系数。

以上即为基于 Lotka-Volterra 模型建立的谣言信息与辟谣信息的竞争模型。这个建立在生物系统上的竞争模型，能反映系统中谣言信息传播者和官方辟谣信息传播者随时间变化的趋势，但根据以上模型不能得出传播结束的时候两种信息各自影响的人数。对于判断辟谣能否成功应该是看整个系统中受到两种信息影响的人数的多少。在以上系统中只是将人群简单地分为两类，但事实上，系统中还存在其他类型的人群。比如，根本不知道两种

信息的人群、知道谣言而不再传播谣言的人群。因此，首先要对官方辟谣信息和谣言信息进行竞争的时候的人群进行重新分类；其次，建立的模型希望不仅能反映谣言信息和官方辟谣信息随时间的变化趋势，还能够得到最终谣言信息和辟谣信息到底影响了多少人，以此判断官方辟谣是否成功。

6.2.2　竞争模型

根据以上的分析，为了能够更加细致地判断官方信息是否辟谣成功以及研究两种信息的竞争机制，本节结合研究两种谣言竞争的模型，以及官方信息的特点，将系统中的人群分为以下几种类型，并建立模型。

在系统中，假设有官方信息和谣言两种信息，并假设人群是均匀混合的，把人群中的人分为五类，分别为不知者(S)，指既不知道官方信息也不知道谣言的人；传播者1(I_1)，指知道官方信息并且传播官方信息的人；传播者2(I_2)，是指知道谣言并传播谣言的人；抑制者1(R_1)，是指知道官方消息，但是不再传播官方消息的人；抑制者2(R_2)，指的是知道谣言，但是不再传播谣言的人。假定每一个人在同一时刻不可能既传播官方消息又传播谣言，所以每个人可能处于以上五种状态中的一种。在官方信息和谣言竞争传播过程中，整个人群的最初状态是只有少量的传播者，包括官方信息的传播者和谣言的传播者。没有抑制者，其余的全部为不知者。一般情况下，谣言传播刚开始时，影响是比较小的，此时官方不会大量地发布辟谣信息，所以假设官方信息初始传播者数量是小于谣言初始传播者数量的。随着这少部分的官方信息和谣言传播者的传播，部分不知者变成了官方信息传播者，部分不知者变成了谣言传播者，不知者变得越来越少，传播者变得越来越多，同时部分人变成了抑制者，而两类传播者的数量到达一定的高度后开始下降，抑制者渐渐增多。最后，整个人群中，传播者1和传播者2的数量变为0，只剩下不知者和抑制者1和抑制者2三个人群。官方信息辟谣初始阶段扩散示意图，如图6.1所示。

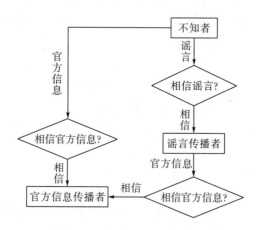

图6.1　官方信息辟谣初始阶段扩散示意图

记$S(t)$、$I_1(t)$、$I_2(t)$、$R_1(t)$、$R_2(t)$分别表示在t时刻不知者、传播者1、传播者2、抑制者1、抑制者2在人群中所占的比例，他们满足归一化条件$S(t) + I_1(t) + I_2(t) + R_1(t) +$

$R_2(t)=1$。官方信息和谣言传播的过程的示意图如图 6.2 所示，同时可以将图中的谣言传播规则总结如下所示。

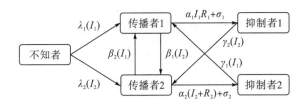

图 6.2 官方信息和谣言传播的过程的示意图

(1) 当一个传播者 1 遇到一个不知者的时候，不知者可能会变成传播者 1；同样的道理，当一个传播者 2 遇到一个不知者的时候，不知者可能会变成传播者 2。不知者变成传播者 1 转化率为 λ_1，不知者变为传播者 2 转化率为 λ_2。因此，不知者减少的速度 $\dfrac{\mathrm{d}S(t)}{\mathrm{d}t}$ 与不知者的所占比例 $S(t)$ 和传播者所占比例 $I_1(t)$ 和 $I_2(t)$ 成正比，于是得到以下微分方程：

$$\frac{\mathrm{d}S(t)}{\mathrm{d}t}=-\lambda_1\langle k\rangle S(t)I_1(t)-\lambda_2\langle k\rangle S(t)I_2(t) \tag{6.1}$$

(2) 在每一个时间步，传播者 1 也可能改变了对官方信息的看法而停止传播官方信息。假设由传播者 1 变成抑制者 1 的概率为 σ_1。假设谣言传播的时间大于人们遗忘的时间，所以模型中不考虑遗忘机制。假设官方发布的信息不存在不一致的情况。当一个传播者 1 与一个抑制者 1 相遇的时候，因为抑制者 1 对消息不感兴趣，这种态度可能影响传播者 1，所以传播者可能会停止传播。假设在这种情况下由传播者 1 变成抑制者 1 的概率为 α_1。当传播官方信息的传播者 1 遇到传播谣言的传播者 2，可能会认为谣言更可信而变为谣言传播者，假设传播者 1 变为传播者 2 的概率为 β_1。同样地，可能有人认为官方信息更可信而变为官方信息传播者，假设传播者 2 变为传播者 1 的概率为 β_2。同时，谣言抑制者 2 接触到官方信息传播者 1，可能会因为官方信息更可信而变为官方信息的传播者 1，假设抑制者 2 变为传播者 1 的概率为 γ_1。因此，传播者 1 变化的速度 $\dfrac{\mathrm{d}I_1(t)}{\mathrm{d}t}$ 结合式 (6.1) 可得微分方程：

$$\frac{\mathrm{d}I_1(t)}{\mathrm{d}t}=\lambda_1\langle k\rangle S(t)I_1(t)-\sigma_1 I_1(t)+(\beta_2-\beta_1)\langle k\rangle I_1(t)I_2(t)+\gamma_1\langle k\rangle I_1(t)R_2(t)-\alpha_1\langle k\rangle I_1(t)R_1(t) \tag{6.2}$$

(3) 在每一个时间步，传播者 2 的变化和传播者 1 的变化是相似的。传播者 2 可能了解到谣言已经过时或者是错误的，而失去了传播谣言的倾向而停止传播谣言。假设在这种情况下由传播者 2 变成抑制者 2 的概率为 σ_2。当两个传播者 2 相遇，他们可能会发现两条信息不一致，那么他们都会停止传播。当一个传播者 2 与一个抑制者 2 相遇的时候，因为抑制者对消息不感兴趣，那么传播者可能会停止传播。我们假设在这种情况下由传播者 2 变成抑制者 2 的概率为 α_2。抑制者 1 接触到谣言传播者 2，可能会变为谣言的传播者 2，假设抑制者 1 变为传播者 2 的概率为 γ_2。因此，结合式 (6.1)、式 (6.2) 可得传播者减少速度 $\dfrac{\mathrm{d}I_2(t)}{\mathrm{d}t}$ 的微分方程

$$\frac{\mathrm{d}I_2(t)}{\mathrm{d}t}=\lambda_2\langle k\rangle S(t)I_2(t)-\sigma_2 I_2(t)-(\beta_2-\beta_1)\langle k\rangle I_1(t)I_2(t)+\gamma_2\langle k\rangle I_2(t)R_1(t)-\alpha_2\langle k\rangle I_2(t)[I_2(t)+R_2(t)]$$

$$(6.3)$$

（4）从式(6.2)知抑制者 1 增加的速度 $\frac{\mathrm{d}R_1(t)}{\mathrm{d}t}$ 与传播者 1 所占的比例 $I_1(t)$ 成正比，再结合式(6.3)可得微分方程

$$\frac{\mathrm{d}R_1(t)}{\mathrm{d}t}=\sigma_1 I_1(t)-\gamma_2\langle k\rangle I_2(t)R_1(t)+\alpha_1\langle k\rangle I_1(t)R_1(t) \qquad (6.4)$$

（5）从式(6.3)知抑制者 2 增加的速度 $\frac{\mathrm{d}R_2(t)}{\mathrm{d}t}$ 与传播者 2 所占的比例 $I_2(t)$ 成正比，再结合式(6.2)可得微分方程

$$\frac{\mathrm{d}R_2(t)}{\mathrm{d}t}=\sigma_2 I_2(t)-\gamma_1\langle k\rangle I_1(t)R_2(t)+\alpha_2\langle k\rangle I_2(t)[I_2(t)+R_2(t)] \qquad (6.5)$$

基于以上的讨论，整合式 (6.1)～式(6.4)得到模糊谣言传播模型为

$$\begin{cases}\frac{\mathrm{d}S(t)}{\mathrm{d}t}=-\lambda_1\langle k\rangle S(t)I_1(t)-\lambda_2\langle k\rangle S(t)I_2(t)\\\frac{\mathrm{d}I_1(t)}{\mathrm{d}t}=\lambda_1\langle k\rangle S(t)I_1(t)-\sigma_1 I_1(t)+(\beta_2-\beta_1)\langle k\rangle I_1(t)I_2(t)+\gamma_1\langle k\rangle I_1(t)R_2(t)-\alpha_1\langle k\rangle I_1(t)R_1(t)\\\frac{\mathrm{d}I_2(t)}{\mathrm{d}t}=\lambda_2\langle k\rangle S(t)I_2(t)-\sigma_2 I_2(t)-(\beta_2-\beta_1)\langle k\rangle I_1(t)I_2(t)+\gamma_2\langle k\rangle I_2(t)R_1(t)-\alpha_2\langle k\rangle I_2(t)[I_2(t)+R_2(t)]\\\frac{\mathrm{d}R_1(t)}{\mathrm{d}t}=\sigma_1 I_1(t)-\gamma_2\langle k\rangle I_2(t)R_1(t)+\alpha_1\langle k\rangle I_1(t)R_1(t)\\\frac{\mathrm{d}R_2(t)}{\mathrm{d}t}=\sigma_2 I_2(t)-\gamma_1\langle k\rangle I_1(t)R_2(t)+\alpha_2\langle k\rangle I_2(t)[I_2(t)+R_2(t)]\\S(0)=S_0>0,I_1(0)>0,I_2(0)>0,R_1(0)=0,R_2(0)=0\\S(0)+I_1(0)+I_2(0)+R_1(0)+R_2(0)=1\end{cases}$$

$$(6.6)$$

当谣言传播达到稳定状态时，$S(t)+R_1(t)+R_2(t)=1$。如果最后不知者所占的比例是大于 0 的，从而抑制者所占比例是小于 1 的，那么也就是说整个人群中有一部分人从来没有听说过谣言。

6.3　参　数　讨　论

结合前面的结论，本节从官方的角度分析影响官方信息传播的因素。从第 3 章中，考虑记忆累积效应对谣言传播的影响分析可见，官方信息利用重复效应，可使官方信息传播得更快更广，因此官方应该高频率地发布官方信息。在第 4 章中分析"马航 MH370 失联"事件时，得出官方长时间地保持沉默会导致各种谣言的产生和传播。在事件发生的初始阶段，即使事件没有任何新的进展，官方也应该高频率地发布信息，以缓解人们的恐慌和焦

虑。因此，官方信息发布的频率影响了谣言的传播，在官方辟谣的过程中，官方应该提高发布信息的频率，保证官方信息的传播扩散。在第 5 章中分析多因素对谣言传播的影响时，得到官方制止谣言的关键是让人们能了解到事件的真相，官方政府采取各种媒介手段将事实真相向社会公开，事件清晰的速度也对谣言传播有很大影响。同时当事件本身不重要的时候，人们将对事件不感兴趣，他们不会去讨论它。因此，官方必须在最短的时间内发布公众想要知道的内容，避免谣言的传播。政府应该注重了解人们的心理动机，及时公布信息，使得公众能够通过正式渠道获取相关信息。从"7·23 甬温线特大交通事故"的案例分析来看，官员应该注重公布信息的态度和语言，同时说明来自专家的信息比官员公布的信息更有说服力。从个体的角度出发，政府应注重对公众普及与事件相关的科普信息，加强公众的认识判断能力，让公众在关键时候不盲从、不造谣、不信谣，这也是控制谣言的策略之一。通过前面的研究，官方信息辟谣因素分析结果如图 6.3 所示。官方辟谣信息和谣言竞争的目的是要争取公众的支持和关注，获得支持者的信任。在突发事件发生后，公众极易相信谣言，并且容易被负面的言论所左右。在两种信息同时传播的过程中，官方信息需要争取更多的听众，在舆论场中占据有利地位，以达到消灭谣言，让舆论健康发展的目的，如图 6.4 所示为官方信息辟谣的理想效果。

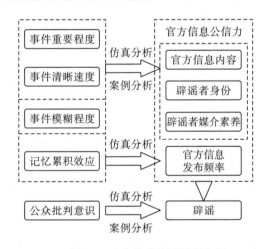

图 6.3　官方信息辟谣因素分析

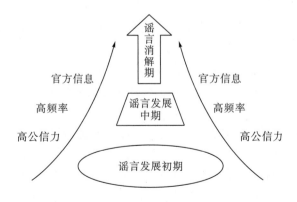

图 6.4　官方信息辟谣理想效果

6.3.1　官方信息发布频率

通过对记忆累积效应、事件的重要性、模糊性和公众的批判意识的分析，以及"马航MH370 失联"事件、"7·23 甬温线特别重大铁路交通事故"实际案例分析可以看出，官方信息发布频率低，时间间隔长，谣言就会趁虚而入变得"满天飞"。通过实际生活中一些案例都可以得出这样的结论，官方发布消息频率低、时效差、内容少，根本就不能满足公众对所发生事件的信息需求。在公众越想知道的时候，没有合适的官方信息发布，谣言的出现刚好填补了公众对信息的渴望，所以公众会选择传播谣言。在这个过程里，官方就会处于被动状态，整个公众和官方的关系就变成了造谣—辟谣的一个循环过程。所以政府应该在事件发生后第一时间公布事件相关的细节，虽然最开始时的信息与公众所期望的信息有很大差距，但是这种及时的高频率沟通会让谣言没有办法趁虚而入(张小燕，2011)。在谣言传播过程中，官方信息发布的频率高，澄清谣言的频率高，就能够阻止谣言造成较大危害，阻止其破坏社会秩序，使得谣言失去生存的土壤，保证社会的原有秩序。从讨论记忆的累积效应对谣言的影响的结论可以看出，提高辟谣信息传播的频率，使得辟谣信息反复传播，将能最大限度地将信息传达给公众。结合记忆累积效应的结果，提高官方信息发布频率，加快推送官方信息，增加个体接触到官方信息的次数，会减少个体对谣言的信任度。

6.3.2　官方信息公信力

当谣言产生的时候，政府通常是通过发布消息来辟谣，大多数情况下，公众会选择相信官方信息，但是有的时候政府发布消息，公众不一定相信政府所发布的信息，对政府发布的信息的可信度、公正性和准确性持怀疑态度(王佳佳，2014)。如果官方发布的信息可信度很低，便对谣言的传播没有阻力，谣言依然会在社交网络中肆意地传播，势必会引起社会的慌乱和不稳定。在日常生活中，公众获取信息的渠道是纷繁复杂的，一般情况下，公众会首先选择从官方获取信息，但是当官方失去公信力的时候，不管它是说真话还是说假话，做好事还是做坏事，都会被认为是在说假话、做坏事。这就是古罗马政治学家所提出的"塔西佗陷阱"。因此，提高官方政府的公信力，增加公众对政府的信任，是政府从根本消除谣言的基础。根据分析，官方信息的公信力主要受到三个因素的影响。

第一，官方信息的内容。官方发布消息对公众进行舆论引导从而达到辟谣的目的。然而，如果官方进行舆论引导的能力不足，那么在整个谣言传播过程中，官方信息发布并不能起到辟谣的作用。其根本原因是官方信息对公众的说服力差，官方信息发布内容也许不是事件真相的陈述，不是公众期望的信息。官方信息发布的内容不应单纯是对谣言的反驳，而应该是事实真相的陈述。在心理学上关于辟谣的实证研究中发现(Bordia et al., 2000, 2005)，真相的陈述比仅对谣言的反驳要更有效、更有说服力。同时发现真相陈述和反驳谣言的信息组合而成的辟谣信息，在观点力度、有效性和说服力方面，以及在缓解人们的焦虑和降低谣言的可信度方面，都要显著地强于仅针对谣言反驳的辟谣信息。同时，公众之所以相信谣言，其开始的动机是想要了解事实的真相，所以官方信息的内容应是想公众之所想，解公众之所惑，才能增加公众对官方的亲切感和信任感。这一点，从分析事件的模糊性对谣言传播的影响的结论中已提及。因此，官方信息内容陈述事实的真相，让公众了解真相，尽快地弄清真相，才能有效地遏制谣言的传播。

第二，官方信息中辟谣者身份。如果个体周围有权威度较高的个体或者部门，则个体会偏向于选择相信权威(张江南等，2011)，这就是人际交往中公众权威效应。在谣言传播中，公众对政府、专家和官方媒体等发布的信息往往更偏向于信任，这些部门的消息更能够影响个体对谣言的态度和行为。由于这个效应，在谣言传播中，政府发言人或者权威人士披露的消息往往会对社会大众的舆论倾向产生巨大的引导作用。在突发事件中，专家的意见很容易对舆论的导向产生影响(Jouini and Clemen，1996)。公众会认为与事件相关的专家的意见具有更强的说服力，专家能够劝说更多的人相信官方信息。对于来自专家的信息显得更加可靠和可信，人们往往直接选择相信，并且人们会使得信息得到大范围的传播。有学者通过案例，分别是 H7N9 禽流感事件、黄浦江漂浮猪事件和四川死鸭事件对辟谣者的公信力进行分析，发现辟谣效果最好的是 H7N9 禽流感事件，在这个事件中，禽流感事件的辟谣者身份比较多元，有权威专家钟南山院士、政务微博、医疗机构微博、医生、警方等，均是公信力较好的专家和媒体(吴闻莺，2013)。2011 年沿海城市蔓延的抢盐潮，"碘盐能够防辐射"的谣言曾经使得市民们疯狂抢购碘盐，专家和舆论领袖的声音在谣言控制中也起到了一定的作用。利用专家和舆论领袖的公信力，发挥了他们在突发事件谣言控制中的作用，有利于平息谣言所引起的社会的混乱。

第三，官员的媒介素养。谣言发生之后，官方以多种形式发布官方信息进行辟谣，官员接受媒体采访和召开新闻发布会是其中的一种重要形式，官员的媒介素养对辟谣信息的传播产生很大的影响。有的官员在发布信息的过程中，以高傲蛮横的态度对待新闻媒体的监督，引起社会公众的强烈不满，导致官方信息不仅没有得到公众的信任，反而使得舆论朝着更加恶化的方向发展。从分析的"7·23 甬温线特别重大铁路交通事故"所引发的一系列网络谣言可以看出，在这个事件中，铁道部没有及时准确地公布消息消除公众的疑虑，反而因为政府官员的不恰当回复造成了更多的误解，从而一些公众对铁道部表现出不信任。

6.3.3　参数设置

为了研究官方信息与谣言的竞争机制，考察官方信息能否成功辟谣，结合以上所分析的因素，下面对模型中的参数进行考察。建立的模型中的参数 β_1 与 β_2 分别表示的是官方信息的传播者转化为谣言传播者的概率，以及谣言传播者转化为官方信息传播者的概率。很显然，政府的管理者，不希望官方信息传播者变为谣言传播者，β_1 必然不能大于 β_2，在这种情况下，官方信息才有可能平息谣言。如果 β_1 大于 β_2，由模型可以看到，本来传播官方信息的人，有一部分人变为谣言传播者，虽然传播谣言的人也会有一部分变为官方信息传播者，但是因为 β_1 大于 β_2，传播官方信息变为传播谣言的人更多，这样会有越来越多的谣言传播者，最后导致官方信息很快消亡，谣言继续传播。本节假设官方信息的进入是为了辟谣，则 β_1 要小于 β_2，即 $\beta_2 - \beta_1$ 大于等于 0 时才有可能成功辟谣。

鉴于上一小节分析的官方信息的公信力和官方信息发布频率对谣言的影响,在实际生活中,谣言发生的时候,如果官方信息公信力很高,官方及时高频率地发布官方信息,那么传播谣言的人会改变对谣言的看法,认识到谣言是假的,而转变为传播官方信息或者停止传播谣言。所以本章认为模型中的转化概率 β_1 与 β_2 与官方信息的公信力和发布频率是相关的,并且 $\beta_2-\beta_1$ 与官方信息的公信力和发布频率是成正比的。 假设官方信息发布的频率是随时间变化的,频率先慢慢变大,然后慢慢变小。这个假设是符合现实生活中的现象的,在谣言开始的阶段,谣言的影响力还没有显示出来的时候,官方的辟谣力度要小一点;随着谣言的发展,直到当谣言大肆爆发的阶段,官方的辟谣力度会越来越大;当谣言到了终止阶段,官方的辟谣力度又会减小。因此为了考察现实情况,于是定义官方信息发布频率随时间变化的函数为

$$y(t) = at^2 + bt$$

式中 , a , b 满足 $a<0$, $b>0$;$0 \leqslant y \leqslant 1$。

参数 a、b 的值可以这样来确定。首先函数 y 肯定过 $(0,0)$ 点,如果定义官方信息发布得最多的时候,其频率为 1。假设 $t=40$ 的时候达到最高频率 1,那么也就是函数 y 过 $(40,1)$ 这个点,又因为函数图像关于 $t=40$ 对称,所以函数 y 还经过 $(80, 0)$,代入函数便可以算出 $a=-0.000625$, $b=0.05$,所以这时反映官方信息发布频率的函数为 $y=-0.000625t^2+0.05t$。频率的最大值也可以不定义为 1,比如在一个事件中,官方的确表现得不好,发布信息频率很低,那么可以令频率最大值为一个小于 1 的数。对于时间 t 的选择,可以将谣言传播的最高峰所在的时间附近定为官方发布信息频率最高的时间。

对于官方信息的公信力有许多学者做过这方面的调查,在 2007 年,有学者调查了 800 名上海市民,其中 37.4%的市民使用网络。研究发现,中国公众认为电视新闻最可信,传统媒介的新闻比网络新闻更可信,并认为媒介依赖比媒介使用能更好地预测媒介新闻可信度。在 Wang(2012)的文章里通过在凤凰网上搜集数据,并标准化后得到表 6.1 所示。

表 6.1 官方媒体公信力

官方媒体	公信力
电视	0.858
广播	0.79
报纸	0.779
杂志	0.595
官方媒体	0.522
所有官方媒体	0.7088

假设官方信息的公信力 z 和发布频率 y 在谣言传播中影响力所占的权重相同均为 0.5,取官方媒体公信力为 0.7088,因此定义

$$\beta_2-\beta_1 = 0.5 \times y + 0.5 \times z = at^2 + bt + 0.3544$$

根据以上的讨论,下面分析模型中的参数 $\beta_2-\beta_1$ 的取值情况。①第一种情况 $\beta_2-\beta_1 \geqslant 0$,即官方信息有可能成功辟谣的情况。在这种情况下,由于官方信息的公信力

较高，发布信息的频率较高，官方处理得比较好，官方信息的吸引力大于谣言的吸引力，这时官方信息传播者变为官方信息抑制者的概率，是小于谣言传播者变为谣言抑制者的概率的，即 $\sigma_1 < \sigma_2$。②第二种情况是 $\beta_2 - \beta_1 < 0$，在这种情况下说明谣言的吸引力大于官方信息的吸引力，也就是说这个时候官方信息在人群中的影响力小于谣言的影响力，也许是因为官方本身公信力不够，所发布的官方信息频率低，致使在空白时间产生了许多谣言。这时官方信息传播者变为官方信息抑制者的概率，是大于谣言传播者变为谣言抑制者的概率的，即此时 $\sigma_1 > \sigma_2$。在谣言和官方信息同时出现的时候，如果个体选择相信官方信息，传播官方信息，然后变成官方信息的抑制者，我们认为官方信息的抑制者再相信谣言的概率是较小的，即参数 γ_2 是较小的。因为个体接受信息的首选是官方媒体，表示个体是比较相信官方信息的。相反，如果个体在相信了谣言之后，变成了谣言抑制者，由于官方信息的权威性，个体转化为官方信息传播者的概率要比官方信息抑制者转化为谣言传播者的概率要大，即 $\gamma_1 > \gamma_2$。本章不重点讨论参数 α_1 与 α_2，故假设 $\alpha_1 = \alpha_2$。

6.4 数 值 仿 真

谣言一旦出现，政府必定会采取相应的措施，最常见的措施是通过官方媒体发布消息辟谣。假设官方信息的发布没有前后不一致的信息，考虑官方信息对谣言影响的两个因素——官方信息公信力和官方信息发布频率。在以往的研究中基本没有模型考虑官方信息发布频率的问题，事实上这是很重要的，从"马航 MH370 失联"事件就可以看出，马来西亚航空官方在 2013 年 3 月 8 日上午 10 点发布 MH370 失联的消息后，直至下午两点才再次发布相关消息，研究显示相关谣言基本都是在这短短的 4 个小时内产生的。所以，考虑官方信息发布的频率对谣言传播的影响是非常有必要的。辟谣是否成功取决于政府平时所积累的官方信息公信力和对事件发布信息的频率，下面分成两种情况来讨论官方怎样才能辟谣成功，分别为 $\beta_2 - \beta_1 \geqslant 0$ 和 $\beta_2 - \beta_1 < 0$。一般情况下，谣言产生后官方才会出来辟谣，也就是说官方信息辟谣常常比谣言要晚一步，为了讨论官方信息发布时间对谣言的影响，本节分为官方信息比谣言先发布、与谣言同时发布和滞后于谣言发布三种情况进行分析。本节利用 Runge-Kutta 方法求解微分方程组(6.6)，通过数值模拟分析官方信息传播和谣言传播的竞争关系。为了比较结果，模型选择了在同一个网络中分析不同情况，设定该网络具有相同的人口总数 $N=10^6$ 和相同的平均度 $<k>=20$。

6.4.1 辟谣模式

(1)情况 1：当 $\beta_2 - \beta_1 \geqslant 0$ 时，即谣言对公众的吸引力不大于官方信息对公众的吸引力的时候，这时官方辟谣有可能成功。根据以上的分析，取其系数 $\beta_2 - \beta_1 = -0.000625t^2 + 0.05t + 0.3544, \sigma_1 = 0.08, \sigma_2 = 0.1, \gamma_2 = 0.05, \gamma_1 = 0.2, \alpha_1 = \alpha_2 = 0.4$。因为现实生活中官方辟谣信息总是比谣言慢一点，所以假设 $t = 0$ 时传播谣言的人数比传播官方信息的人更多。即假设模型初始条件中有 1 个人为官方信息的传播者，有 10 人为谣言的传播者，则 $I_1(0) = \dfrac{1}{10^6}$，$I_2(0) = \dfrac{10}{10^6}$。5 个群体的变化趋势图如图 6.5 所示。

　　图 6.5 表示的是不知者(S)、官方信息的传播者1(I_1)、谣言的传播者2(I_2)、知道官方信息不传播官方信息的抑制者1(R_1)和知道谣言而不传播谣言的抑制者2(R_2)，这 5 个人群的密度随时间变化的趋势图。在传播过程的开始阶段，抑制者1(R_1)和抑制者2(R_2)都为 0。从图 6.5 可以看出，将两者信息分开来看的话，I_1 和 I_2 传播的大体趋势是相同的，它们的密度都是首先增加，增加到一定程度到达峰值后开始下降，直至最后达到稳定状态。R_1 和 R_2 传播的大体趋势也是相同的，它们的密度随时间的变化一直增加，增加到一定值后停止增长，系统达到一定稳定状态。比较官方信息和谣言传播的曲线，不难发现，虽然它们的趋势相同，但是很明显官方信息的变化要滞后于谣言的变化，比起谣言传播，官方信息达到峰值的时间和官方信息终止传播的时间都要更晚一些。这是因为在取初始条件的时候，传播官方信息的人数比传播谣言的人数少，所以把官方信息的整个进程往后推迟了。整个传播结束的时候，抑制者 1 的值大于抑制者 2 的值，也就是在整个传播过程中传播过官方信息的人要比传播过谣言的人要多，实际上说明了官方信息影响了更多人，其影响力更大。产生这样影响的原因 $\beta_2 - \beta_1 \geq 0$，即一部分传播谣言的人转化为传播官方信息的人。由于 $\gamma_1 > \gamma_2$ 即一部分谣言的抑制者 2 转换为传播官方信息，以及 $\sigma_1 < \sigma_2$，传播官方信息的人转化为官方信息抑制者的概率要小一点，即转换为抑制者 1 的人要少一些。这些都延缓了官方信息传播的时间，并把官方信息传播者的峰值推高，进而影响了更多的人。在这种情况下，说明官方信息的影响力大于谣言的影响力，也就是说官方信息比谣言更有说服力，可以有效地阻止谣言的传播。对应于实际生活，当谣言出现时，官方反应迅速、及时地发布辟谣信息，辟谣信息得到广泛的传播，谣言的传播得到遏制，使得官方信息很快限制了谣言在系统中的传播。

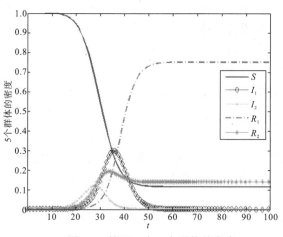

图 6.5　情况 1 中 5 个群体的密度

　　当 $\beta_2 - \beta_1 \geq 0$ 时，官方信息仅仅有可能辟谣成功，当官方公信力和官方发布信息的频率不同时，辟谣的效果是不一样的。图 6.6 和图 6.7 代表的是官方信息和谣言受到官方信息公信力和官方信息发布频率不同影响下的传播者和抑制者随时间变化的趋势图。为了比较公信力和发布频率对传播的影响，其他参数均固定。分别取 $y_{\max} = 1$，$z = 0.7$；$y_{\max} = 0.5$，$z = 0.4$ 和 $y_{\max} = 0.1$，$z = 0.2$，其他参数取值与图 6.5 相同。从图 6.6 可以看出，当把官方信息发布频率的最大值减小以及官方信息的公信力减小的时候，官方信息传播者的数量减小，且峰值也减小了。在这种情况下，观察谣言传播者的变化趋势，发现谣言传播者的数量有所增加，峰值也要稍微大一点。总的来说，这时提高政府发布官方信息的频率和公信力对谣言传播的影响比起对官方信息传播的影响要小。因为官方信息比谣言要晚一点开始传播，所以官方信息的进入还不能充分地抑制谣言传播的趋势。但是官方信息的进入，可以争取一部分人来传播官方信息，提高官方信息的影响力，如果争取到更多的人传播官方信息，那么官方信息就可以覆盖谣言的传播，达到对谣言传播的遏制，这一点从图 6.7 可以看出。当传播终止的时候的抑制者的数量代表了这种信息的影响力，从图 6.7 可以看到，当官方信息发布频率的最大值减小以及官方信息的公信力减小的时候，官方信息的影响力越来越小，而谣言的影响力越来越大。也就是说，当提高政府发布官方信息的频率和公信力的时候，官方信息的影响力会越来越大，谣言的影响力越来越小。虽然从图 6.6 看到，提高政府发布官方信息的频率和公信力对谣言传播者的影响较小，但是图 6.7 中谣言抑制者数量变化来看，对谣言传播的最终的影响力起了很大的抑制作用。当提高政府发布官方信息的频率和公信力的时候，官方信息的影响力和谣言的影响力之差会越来越大，那么官方信息对谣言传播的遏制就越明显。同时，因为图 6.6 和图 6.7 中 $\beta_2 - \beta_1 > 0$，比较图 6.7 中的两个图可以看到在前两种情况的时候，官方信息的影响力比谣言的影响力大，但是当 $\beta_2 - \beta_1$ 越来越小的时候，官方信息的影响力和谣言的影响力越来越接近。

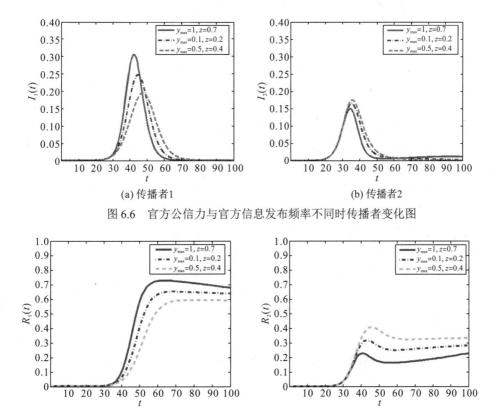

(a) 传播者1　　　　　　　　　　　　　(b) 传播者2

图 6.6　官方公信力与官方信息发布频率不同时传播者变化图

(a) 抑制者1　　　　　　　　　　　　　(b) 抑制者2

图 6.7　官方公信力与官方信息发布频率不同时抑制者变化图

(2)情况 2：当 $\beta_2 - \beta_1 < 0$ 时，即谣言对公众的吸引力大于官方信息对公众的吸引力的时候。在这里取 $\beta_2 - \beta_1 = -0.3$，因为这个时候政府公信力较低，发布信息的频率很低，人们此时非常不信任官方信息，所以设 $\sigma_1 = 0.1$，$\sigma_1 = 0.08$，$\gamma_2 = 0.05$，$\gamma_1 = 0.2$，$\alpha_1 = \alpha_2 = 0.4$。和上一种情况类似，假设 $t=0$ 时传播谣言的人数比传播官方信息的人更多，取 $I_1(0) = \dfrac{1}{10^6}$，$I_2(0) = \dfrac{10}{10^6}$。5 个群体的变化趋势图如图 6.8 所示。

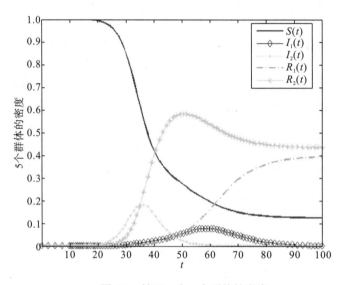

图 6.8　情况 2 中 5 个群体的密度

图 6.8 表示的是当 $\beta_2 - \beta_1 < 0$ 时，系统中 5 个群体的变化趋势图。随着时间的变化，不知者的比例一直减小，减小到一定程度达到稳定。从达到稳定后的不知者的密度来看，当官方信息和谣言终止传播的时候，系统中大概仍有 12% 的人既没有听说过官方信息也没有听说过谣言。和图 6.5 情况相同，传播者 1 和传播者 2 的变化趋势相同，抑制者 1 和抑制者 2 的变化趋势相同。但是和情况 1 不同的是，在这种情况下，官方信息传播者的峰值要远低于谣言传播者的峰值，也就是说传播谣言的人要比传播官方消息的人更多，这一点从最后两者抑制者的数量也可以看出。传播终止的时候，官方信息的抑制者数量要小于谣言抑制者的数量，即谣言传播影响的人要多于官方信息影响的人，谣言的影响力要大于官方信息的影响力。官方信息传播者的变化要滞后于谣言传播者的变化，这一点和情况 1 相同，这是因为在初始时刻，假设官方信息的传播者数量小于谣言的传播者数量导致它的整个过程要滞后于谣言的传播。在传播的过程中，系统中有一部分传播官方信息的个体和官方信息的抑制者加入到传播谣言的行列中来，增加了谣言传播者的数量，使得谣言影响的人更多，所以在这种情况下，官方不可能辟谣成功。

6.4.2　初始时间

一般情况下，官方信息发布时间比谣言开始的时间要晚一些，故假设官方信息初始传播人数小于谣言的初始传播人数。下面通过仿真观察官方信息发布时间对谣言传播的影响。分成三种情况来讨论，第一种是官方信息发布时间比谣言传播开始时间晚，第二种是官方信息发布与谣言传播同时开始，第三种是官方信息发布时间比谣言传播开始时间要早。因此就这三种情况，分别设：$I_1(0) = \frac{1}{10^6}$，$I_2(0) = \frac{10}{10^6}$；$I_1(0) = \frac{10}{10^6}$，$I_2(0) = \frac{10}{10^6}$；$I_1(0) = \frac{100}{10^6}$，$I_2(0) = \frac{10}{10^6}$。图 6.9 和图 6.10 分别显示的是官方信息和谣言的传播者以及抑制者在官方信息初始传播人数不同的时候的变化趋势图。从图 6.9 和图 6.10 可以看出，官方信息初始传播者的变化对官方信息传播者的峰值和官方信息的影响力的作用不是很大，只是初始值的增大加快了官方信息传播的进程。官方信息初始值的变化虽然对官方信息的影响力作用不大，但是对谣言传播的影响却很大。从图 6.10(b) 可以看到随着官方信息初始传播者人数的增加，谣言的传播者峰值变化是非常大的，当 $I_1(0) = \frac{100}{10^6}$ 的时候，谣言基本没有传播。对照官方信息传播者初值的意义，可以知道当官方信息发布时间比谣言开始传播时间要晚的时候，谣言传播者的峰值可以达到 0.13 左右；当官方信息发布时间和谣言开始传播时间相同的时候，谣言传播者的峰值大概等于 0.05；当官方信息发布时间比谣言开始传播时间早的时候，谣言基本不传播。同时，从谣言的抑制者的稳定值也可以看到，随着在官方信息传播者初始值的增大，谣言的影响力越来越小。也就是说，当官方信息发布时间比谣言开始传播时间要晚的时候，谣言传播终止的时候，人群中大概有 0.22 的人传播过谣言；当官方信息发布时间和谣言开始传播时间相同的时候，人群中大概有 0.05 的人听过谣言；当官方信息发布时间比谣言开始传播时间早的时候，人群中基本没有人听过谣言。同时，在仿真过程中，当初值变化很微小时，5 条传播曲线的变化也很微小。只有当初值变化相对大时，曲线才有明显变化。从图 6.9 和图 6.10 分析，说明了官方要遏制谣言，官方发布信息的时间是非常关键的，当重大事件发生时，官方要有预见性，抢在谣言传播之前发布官方信息，这样谣言也就不会传播了。

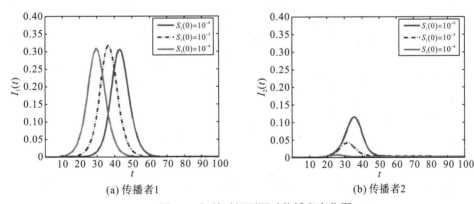

(a) 传播者1　　　　　　　　　　　　　　　　(b) 传播者2

图 6.9　初始时间不同时传播者变化图

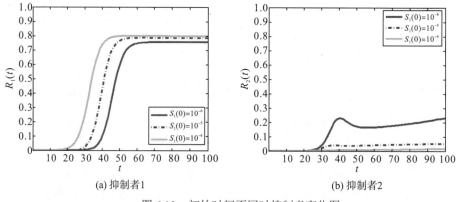

(a) 抑制者1　　　　　　　　　　　　　　(b) 抑制者2

图 6.10　初始时间不同时抑制者变化图

　　在以上是分析中，均假设官方信息晚于谣言发布，为了深入研究官方信息发布时间的重要性，图 6.11 显示了当谣言和官方信息发布的初始时间相同时，系统中 5 个群体的变化趋势图。随着时间的变化，不知者的密度一直减小，达到稳定状态的时候，可以看到系统中大约 95% 左右的人听过官方信息或者谣言，其中有约 55%的人受到官方信息的影响，而仅有近 40% 的人受到谣言的影响，受官方信息影响的人群多于受谣言影响的人群，这说明传播过程中官方信息以绝对的优势达到辟谣的效果。和前面的情况 1、情况 2 的图相同，抑制者 1 和抑制者 2 的变化趋势相同，但是传播者 1 和传播者 2 的变化趋势有点不同。从峰值上看，传播者 1 的峰值要远大于传播者 2 的峰值，即官方信息传播者的峰值要高于谣言传播者的峰值，也就是说传播官方信息的人要比传播谣言的人更多，这一点从上面分析抑制者的数量的结果是一致的。对于传播者 2，其变化经历了两个波峰，这说明，一开始的时候，由于官方信息的权威性谣言的传播受到了官方信息的压制，谣言传播者的数量一直相对较少，大约到 $t = 50$ 的时候，官方信息的传播接近尾声，谣言趁势复活进入一个小波峰，但是由于官方信息影响了人群中的多数人，这时谣言的传播者和人群中的人接触时，由于官方信息已经深入人心，个体已不再相信谣言，所以个体并不接受谣言传播者的信息，因此谣言经历一个小波峰后进入消亡状态。因为开始传播时间是相同的，所以官方信息的传播者的变化和谣言传播者的变化是基本同步的。在传播的过程中，系统中有一部分谣言传播者和谣言的抑制者加入到传播官方信息的行列中来，增加了官方信息传播者的数量，使得官方信息影响更多的人，与情况 1 比较，由于开始传播时间是相同的，所以在这种情况下，官方非常轻松就能辟谣成功。

　　图 6.12 和图 6.13 分别显示的是，当官方信息初始传播人数相同的时候，官方信息公信力和官方信息发布频率对传播者和抑制者的影响。从图 6.12 可以看出，当把官方信息发布频率的最大值减小，以及官方信息的公信力减小的时候，官方信息的传播者的数量减小，且峰值也减小了，而谣言传播者的变化趋势正好相反。从图 6.13 可以看出，当传播终止的时候的官方信息抑制者和谣言抑制者的数量变化较小，也就是说不管变化的过程是怎么样的，官方公信力和官方发布频率怎么变化，最后两者的影响力影响较小。这说明当两者同时进行传播的时候，相比谣言比官方信息先传播的情况，公信力和频率在两种消息的传播中，只对传播者的数量有一定影响，而对最终的抑制者数量仅有细微

影响。在这种情况下，官方公信力和频率几乎对传播的结果没有影响。由此可见，官方信息发布的时间是非常重要的，当与谣言同时发布的时候，官方信息发布的频率和公信力对辟谣的效果的影响较小。而官方信息晚于谣言发布时，那么官方要辟谣效果受官方信息发布的频率和公信力的影响较大。

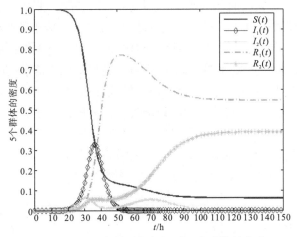

图 6.11　初始时间相同时 5 个群体的密度

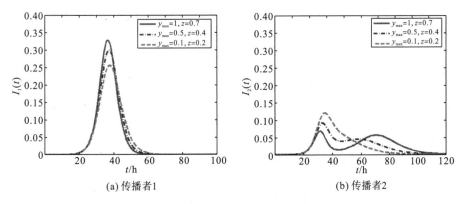

图 6.12　初始时间相同而 $\beta_2 - \beta_1$ 不同时传播者变化图

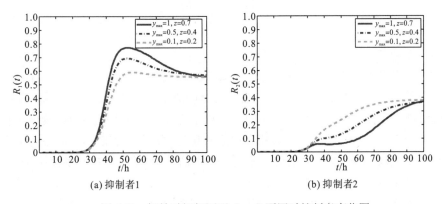

图 6.13　初始时间相同而 $\beta_2 - \beta_1$ 不同时抑制者变化图

图 6.14 是当官方信息比谣言开始时间早一点的时候的 5 个群体变化图。从图 6.14 可以看到，在整个传播过程中，官方信息影响了人群中 80% 左右的人，谣言在这种情况下基本没有传播。因为官方信息比谣言抢先一步发布，人们会先接触到官方信息，对官方信息先有一个第一印象，往往官方信息更具有权威性，人们开始传播官方信息，也与心理学上的首因效应有关系。首因效应是指人在面临信息时，往往会对最先进入大脑的信息给予优势地位产生一种深刻的印象，并形成一种心理倾向，这种倾向会形成一种强烈的驱动力从而影响公众的判断。在谣言传播中，信息出现的先后顺序会对个体对信息的印象和认知产生影响。个体会对先进入大脑的信息产生深刻的印象，而当再次遇见类似的信息的时候，个体会回忆脑海中第一次遇到的信息的印象，所以类似信息的处理在很大程度上受到了第一印象的影响。因为官方信息先进入个体的大脑，所以会处于优势地位。综上分析，说明政府要想轻松地控制谣言，必须要建立相应的预警机制，应与各网络运营商一起对网络的舆论起到把关作用，选用专门的技术人员对谣言信息进行搜集和分析，定期分析网络舆情检测报告，早期发现舆论导向，争取先于谣言发布公众关心问题的消息。

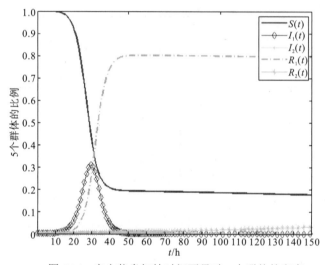

图 6.14   官方信息初始时间更早时 5 个群体的密度

6.5   案 例 分 析

由于关系到个人的身体健康，公众对雾霾及其治理的关注程度普遍较高。冬季是雾霾的高发季节，所以每年年初和年末关于"雾霾"的相关话题便开始充斥于整个网络，新的通信技术和传播手段的更新给舆情的传播和发酵创造了有利条件，让"雾霾"相关话题迅速成为网络热点。在新媒体时代，一旦公共危机事件发生，在短时间内就会被各种网络信息平台迅速分享和转载，热点事件及相关内容被迅速刷屏，而随之而来的各方解读和相关报道也会拉紧民众的神经，其中也会存在许多失真信息和报道，对民众情绪造成不良影响。

本章选择由某导演于 2017 年 1 月 5 日 9 点 43 分发布的一则关于"雾霾"的微博作为数据源，该微博内容主要为"吸入身体和肺里的雾霾永远排不出去，而且侵蚀身体和肺，一般 10 或 20 多年才发病",该微博内容是缺乏依据的雾霾谣言。由于其关乎生命健康,以及该导演的知名度,引起了网友的大量转发,激起了部分网友的愤怒情绪,北京协和医院于 2017 年 1 月 6 日 14 点 21 分发布微博进行辟谣。本章截取该事件发生期间的 5 天,即 2017 年 1 月 5～10 日作为案例分析的时间范围。选取这一时间段的依据是:"某导演雾霾谣言事件"在 2017 年 1 月 5 日开始发布,经过网友的转载,迅速进入热议阶段,到 2017 年 1 月 10 日,雾霾谣言转发量几乎为 0,微博上的公众舆论得到平息。

为了研究此事件中谣言和官方信息的传播特点与传播规律,通过在新浪微博上爬取网络数据,鉴于微博中数据文本的繁多,仅考虑两条微博的转发量,即某导演的雾霾谣言和北京协和医院的辟谣微博。微博的转发量可以在该条微博的页面看到,为了获取转发微博的时间信息,以便分时段研究其特点,编写代码模拟用户行为翻页,爬取所有的数据。由于有些用户设置的定向转发,导致有些数据不可见,共收集到该谣言的转发数据 12178 条,辟谣谣言的转发数据 2284 条。收集的数据主要包括用户昵称、用户 Uid、用户的转发时间以及转发内容。接着,对收集的数据小时,统计 2017 年 1 月 5～7 日每小时的转发数量,在统计的过程中发现 2017 年 1 月 8～10 日转发量相对较低,故只选择了两个有代表性的时间段 9～10 点和 22～23 点。最后得到有用数据量谣言转发数据 12033 条,官方辟谣数据 2227 条。根据数据统计出每个时间段的谣言和辟谣信息的转发数量,见表 6.2。最后以谣言发布时间相近整点 9 点为零点,以时间为横坐标,以单位小时内的转发数量/转发总量为纵坐标,绘制该 "雾霾" 谣言发布后每小时内的转发数量随时间的变化情况。

表 6.2　微博的数量

时间/小时	1	2	3	4	5	6	7	8	9	10	11	12
谣言	78	150	83	112	671	395	310	403	455	479	614	542
时间/小时	13	14	15	16	17	18	19	20	21	22	23	24
谣言	489	663	1093	797	270	142	87	83	114	218	449	541
时间/小时	25	26	27	28	29	30	31	32	33	34	35	36
谣言	636	589	300	312	238	127	58	50	29	38	23	22
辟谣信息						144	471	333	169	129	100	59
时间/小时	37	38	39	40	41	42	43	44	45	46	47	48
谣言	19	24	16	14	18	11	7	4	9	4	15	15
辟谣信息	91	64	52	41	17	14	5	4	4	14	24	21
时间/小时	49	50	51	52	53	54	55	56	57	58	59	60
谣言	14	7	11	11	8	8	7	3	1	2	5	6
辟谣信息	75	50	63	56	37	32	36	18	15	5	11	6
时间/小时	61	62	63	73	85	97	109	121	133			
谣言	19	16	18	0	4	1	1	1	2			
辟谣信息	17	11	16	6	3	2	1	0	0			

由图 6.15 可见，当雾霾谣言开始发布，由于当时正处于雾霾天气，迅速激起网民热情，网友纷纷转发传播，转发量不断攀升，在 2017 年 1 月 5 日 23～24 时，即谣言发布后第 15 小时处达到峰值，转发量达到 1093 条。随着时间的推移，谣言的转发量逐渐衰落。谣言发布后的 17～22 小时，这个时间段是 1 月 6 日早上 1～7 点，这段时间处于新浪微博中用户最不活跃和反馈率最低的时间段，由图 6.15 可以看到转发量陡然减少。作者认为这段数据的意义不大，忽略掉这段数据后，可以看到谣言转发量呈平滑下降趋势。下降到 31 小时后，谣言的单位时间内转发量变化渐渐平缓，趋于 0，即谣言传播进入终止阶段。北京协和医院在该谣言微博发布 29 小时后，即 2017 年 1 月 6 日 14:21 分进行澄清。从图 6.15 可以看出，和谣言上升趋势对比，辟谣信息转发量陡然上升，在迅速到达高峰后，又开始迅速下降，最后很快变得平稳进入终止阶段。官方信息转发量的陡然上升说明官方公信力是比较高的，官方在发布消息后，由于网民信任官方信息，便开始积极转发信息辟谣。事实上，由图 6.15 可以可见，官方信息进入时，谣言已经进入消解阶段，已经开始自然消亡了。官方信息在达到最高点后迅速地下降，并不是因为辟谣信息的发布使得谣言消失了而停止传播官方信息，而是人们在转发官方信息后发现当时几乎没有雾霾谣言存在，所以已经不需要辟谣了，而迅速停止传播官方信息。因此，官方信息的介入未对谣言传播过程产生较大影响。官方信息转发量的陡然上升说明官方公信力是比较高的，官方在发布消息后，由于网民信任官方信息，便开始积极转发信息辟谣。

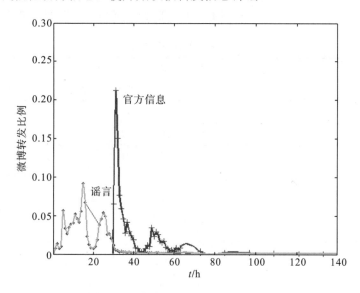

图 6.15　雾霾谣言和官方信息的演进过程

下面用本章的模型来模拟此事件的过程。为了比较分析官方信息对谣言传播过程的影响，首先考虑官方信息未介入谣言传播的过程。令 $\lambda_2 = 0.4$，$\sigma_2 = 0.2$，$\alpha_2 = 0.4$，$S_2(0) = \dfrac{10^4}{10^6}$ 如图 6.16 所示，浅色的曲线为媒体未介入时谣言传播过程中传播者的趋势图，大致仿真谣言传播的实际情况。在 $t=17$ 左右时谣言传播达到高峰；在 $t=30$ 左右时，传播者量已经很少了；当 $t=40$ 左右时，整个网络中传播者基本为 0，进入谣言的终止阶段。接下来考虑官方信息介入，根据介入时间，分为四个类型:很晚、较晚、同时、较早，分别模拟官方信息对谣言的影响。由上文理论分析的结果，假设这四种情况，分别对应于 $S_1(0)=\dfrac{10^2}{10^6}$ ， $S_1(0)=\dfrac{10^3}{10^6}$ ， $S_1(0)=\dfrac{10^4}{10^6}$ ， $S_1(0)=\dfrac{0.5\times10^4}{10^6}$ ，得到官方信息介入和官方信息不介入时谣言传播者的对比图。由图 6.16 可以看到，随着官方信息介入时间的提前，官方信息对谣言传播的影响越来越大。如果官方信息介入太晚，对谣言传播过程几乎没有影响，因为谣言已经开始自然消亡，这时再开始辟谣就没有任何意义。如果官方信息和谣言一起出现，对谣言传播会产生较大影响，可见谣言传播的峰值要小很多。如果官方信息早于谣言发布，谣言基本不会传播。因此，针对本案例，如果由权威机构北京协和医院出面，在谣言发布后早期及时澄清谣言，能够在一定程度缩减该谣言转发量，降低该谣言带来的负面影响。

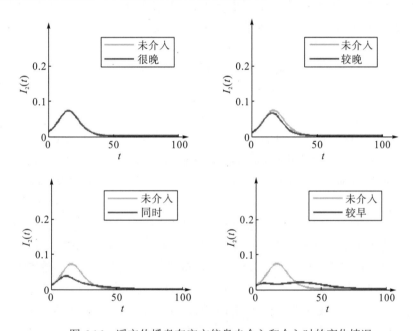

图 6.16　谣言传播者在官方信息未介入和介入时的变化情况

6.6　结　果　分　析

官方信息的发布可能会有效地控制谣言传播，但也有可能根本无法控制谣言的传播，这取决于官方信息和谣言在传播过程中的竞争机制。影响官方信息传播的因素有两个，即官方信息发布的频率和官方信息的公信力，这也是官方信息能不能控制谣言传播的关键因素。通过把两个因素引入谣言传播的微分方程模型建立官方信息和谣言传播的竞争模型。本章依据政府发布的官方信息应对谣言传播可能有效性的判别条件，将实际问题分为两种情况分别做仿真分析。当参数 $\beta_2-\beta_1\geqslant0$ 的时候，提高官方信息发布频率和官方信息的公信力，官方信息对谣言的遏制能力就越明显，从最后的影响范围来看，在传播过程中官方信息影响的人数比谣言影响的人数要多，说明在传播过程中官方信息占主体地位。但是

当 $\beta_2 - \beta_1 < 0$ 的时候，恰恰相反，在传播过程中，传播谣言的人要比传播官方信息的人多，并且在传播终止的时候，谣言影响的人要比官方信息影响的人要多，这种情况下，官方是不可能辟谣成功的。

在仿真分析中，结果表明官方信息发布的时间对能否控制谣言传播起了关键的作用，这为相关部门应对谣言传播起了启示作用。在现实生活中，官方信息发布总是比谣言要晚一点，模型说明官方信息滞后于谣言发布信息，控制谣言传播较难。当官方信息和谣言同时发布的时候，利用官方信息的权威性，非常容易地压制谣言，最后官方信息影响的人远远地超过了谣言所影响的人。在这种情况下，官方信息发布频率和官方信息公信力对最终谣言和官方信息影响的人数影响较小。也就是说在官方信息和谣言同时发布的情况下，官方信息靠初始的公信力便可以呈压倒性的优势战胜谣言。而当官方信息发布的时间比谣言产生时间早的时候，仿真结果表明谣言几乎就不会传播。这实质说明了官方能否控制谣言与官方的反应速度和预警机制有很大的关系。

6.7 管 理 启 示

谣言的传播可能会破坏人们原有的生活秩序，引起社会的不稳定。政府发布官方信息是抑制谣言的常用策略。官方信息的发布可以引导公众舆论的导向，有效抑制谣言的传播，避免谣言传播给社会带来的负面影响。政府在了解谣言和官方信息的竞争规律的之后，能够更有效地控制谣言的传播。通过文中分析得出的结论和规律，提出以下政府在辟谣过程中的策略。

通过对模型的仿真，结果表明，当政府发布官方信息比谣言产生要晚的时候，只有当官方信息的吸引力大于谣言对公众的吸引力的时候，政府才有可能辟谣成功。官方信息对公众的吸引力是由官方信息的公信力和官方信息的发布频率所决定的。首先，这就要求官方政府平时应该注意自身公信力的建设。由于官方政府的权威性较高，在社会系统中扮演着领袖的角色，其发布的信息一般是能吸引公众的注意的。但是如果在处理突发事件的时候，如果官方发布的信息不是公众想要了解的信息，公众便不会理会这些官方信息。遇到突发事件的时候，为了增加信息的可信度，可以让与事件相关的专家发布信息，这比政府官员发布的信息更有说服力，比如，地震发生的时候让地震专家给公众解释；化学品爆炸事故由化学专家给公众普及知识，解释事件的前因后果；动车事故由动车组专家引导人们分析事故的起因，避免人们胡乱地猜测。

文中通过仿真考察了官方发布信息的频率和官方信息公信力对谣言传播的影响。仿真表明，在官方信息发布比谣言传播要晚时，提高官方发布的频率和公信力，对官方信息的影响力和谣言的影响力的作用很大。即提高官方发布的频率和公信力，能够增强官方信息对公众的影响，减小谣言对公众的影响。因此，在辟谣的过程中，官方政府应该持续发布官方信息，提高官方信息发布的频率，达到对公众的不断刺激，吸引公众的注意力，减少公众对谣言的注意，从而减少传播系统中的谣言传播者。这与第3章记忆的累积效应的结论是一致的，通过高频率地发布官方信息，增加公众接收到官方信息的重复次数，那么公众更容易相信官方信息，而没有那么容易相信谣言。

在模拟仿真的结果中，发现官方信息发布的初始时间对谣言传播的影响非常大。可以说，把握好官方信息发布的初始时间可以达到事半功倍的效果。在现实生活中，官方辟谣信息总是比谣言产生的时间要晚一些，呈现出在传播系统中官方信息不断地去追逐谣言，使得辟谣过程非常艰难。从以上的分析看到，尽管官方信息具有较高的权威性，但是官方在处理的过程中不注意反应速度，便非常容易辟谣失败。很多的案例都可以说明这一点，在"7·23 甬温线特别重大铁路交通事故"中，官方信息和谣言呈现的关系是谣言-辟谣的反复模式，虽然官方通过强制措施限制了谣言，但是有的谣言已经深入人心，官方并没有消除人们对谣言的信任，当某一天有类似事件发生的时候，人们的集体记忆可能会想起当时的谣言。因此，当突发事件发生的时候，政府需要注意官方信息发布的时间，这对抑制谣言起了非常关键的作用。如果发布信息的时间晚了，政府就会处于非常被动的局面，很难有效地应对谣言的传播。政府应该建立谣言预警机制，对相关舆论做到有效地监督，抢在谣言产生之前发布人们所关心问题的信息，达到制约谣言产生和传播的目的。

谣言的传播受到很多因素的影响，本章仅从官方的角度提出的管理建议。从第 5 章中提到了从个体的角度出发，公众批判意识的提高也是抑制谣言的有效方式。公众要增加自身的科学常识，提高自己的辨识判断能力，面对一些突发情况的时候，要能做到冷静思考，不恐慌、不盲从，不要轻易地相信谣言，对于虚假信息要进行抵制，不要以讹传讹。

6.8　本　章　小　结

在考虑官方信息和谣言传播特点的基础上，研究官方信息和谣言在网络中竞争传播的问题，从而研究对谣言的控制问题。突发事件发生后，极易引发相关谣言的传播，政府作为管理者必须要对舆论进行引导和控制，而通过发布官方信息则是政府控制谣言的一个重要方式。

本章在分析影响官方信息传播的因素的基础上，结合官方信息和谣言的特点，提出了官方信息和谣言传播的竞争模型。文中分析了影响官方信息传播的两个因素，即官方信息发布的频率和官方信息的公信力，建立了反映这两个因素的函数关系式；将系统中的人群细分为 5 类，并把函数关系式引入传播模型中，得到官方信息和谣言传播的竞争模型。通过仿真分别分析了现实生活中的两种情况：①当谣言的吸引力大于官方信息的吸引力的时候，这时官方信息的发布是不能控制谣言的传播的；②当官方信息的吸引力大于谣言的吸引力的时候，这时官方有可能控制谣言的传播，但是否成功要看参数的大小。同时通过仿真发现，官方的反应速度对控制谣言有很关键的作用，如果官方信息滞后于谣言发布则控制谣言的难度较大，若在产生谣言之前发布，可以发现谣言基本不传播。最后通过案例验证了仿真结论，提出了通过官方信息发布控制谣言的策略，为政府控制舆论提供理论支持和决策依据。

第 7 章 结 语

　　自古以来，谣言作为一种复杂的社会现象便和人类的历史并存。随着互联网的发展，人们能够通过网络随时随地交流发布信息，这使得谣言在网络平台上传播得更快、传播的范围也更广、影响力也变得更大了。在近几年来，谣言经常在一些重大的公共事件中起到了推波助澜的作用，影响了整个事件的发展。毋庸置疑，谣言的传播给人们的社会生活带来了一定的危害性，阻碍正式媒介群体的发展，甚至影响了政府的公信力。谣言对个人和社会造成的危害是不容忽视的，防范和治理谣言，尤其是网络谣言，成为相关部门亟待解决的一个重大社会问题。因此，对谣言传播规律和应对策略的研究有很强的理论意义和现实意义。

7.1　主　要　工　作

　　本书以谣言传播作为研究对象，结合谣言传播中引发谣言的事件的特点、个体的认知以及官方信息的性质，考虑整个谣言传播过程中各种特征的动态性和模糊性，利用函数和模糊数刻画各个特征，建立谣言传播模型来分析谣言传播的规律和控制谣言的策略。在现有的谣言传播模型研究中，考虑引发谣言的事件的特征以及个体的心理因素对谣言的影响的研究还比较少。因此，以谣言传播的定性研究理论、疾病传播理论为指导，以微分方程理论作为主要的研究工具，对谣言传播的规律及官方控制谣言的策略进行研究，为政府控制谣言提供理论依据和决策方法。从不同的角度出发，本书对谣言传播进行了量化研究，分析谣言传播的规律，探讨谣言传播的应对和控制策略。其主要包括：从心理学角度出发，分析个体的认知对谣言传播的影响；从引发谣言的事件本身出发，探讨事件本身的性质对谣言传播的影响；从官方信息的特点出发，讨论控制谣言传播的策略。这具体包括以下四个方面。

　　(1) 传播谣言的主体是人类，听谣者的心理特征对谣言传播会产生很大的影响。虽然一些谣言传播模型考虑了个体的记忆对谣言的影响，但是在模型中，假定记忆对谣言传播的影响能力是一直恒定不变的，所以用常值参数来反映记忆机制。实际上，在谣言传播的过程中，记忆对谣言传播的影响是随时间不断变化的。个体在听到谣言多次之后，便会对谣言有一个累积印象，那么可能从根本不相信变为相信，这个时候个体变为传播者的概率就会变大。因此，这个反映记忆作用的转化概率不应该是一个常数，而应是一个关于时间的函数。本书建立了函数来刻画记忆的累积效应，该函数同时也表示潜伏者变成传播者的概率。该函数是一个随时间变化而增大，最后趋于一个小于 1 的常数函数，将这个函数加入谣言传播模型中。大部分现有带有记忆机制的模型为本书谣言传播模型的一种特殊情况。通过在不同的网络中所做的仿真分析得到，记忆所影响的转化率与谣言的影响力之间呈正相关。同时，考察平均度对谣言传播的影响，发现当平均度较小的时候，平均度的变化对谣言传播影响较大；而平均度较大时，则影响很小或者基本没有影响。最后在新浪微博上抓取的部分网络上比较模型和传统的模型的结果，结果显示函数的加入使得谣言传播得更快更广了。这仅仅是在新浪微博上抓取的一个小网络，可能在整个真实的网络上，对谣言传播的影响则会更大。也就是说，利用参数为常数的模型去刻画现实中的谣言传播，可能会低估谣言的影响力。

(2) 在谣言传播的过程中，引发谣言的事件本身的性质对谣言的传播起了非常重要的作用。在 1947 年，社会学家 Allport 和 Postman 就提出谣言的产生与事件的模糊性成正比。事件越模糊，发生谣言的可能性就越大。因为人们处于极端模糊的状态下，总是倾向于去揣测或者编造信息来解释这种模糊性以缓解自己内心的焦虑和恐惧。本书讨论事件的模糊性对谣言传播的影响，研究事件模糊性的影响下的谣言传播规律，提出应对谣言传播的策略和建议；建立函数描述事件的模糊程度和事件清晰的速度。该函数不仅能够反映事件模糊的程度，同时可以表示不知者变为传播者的概率，将此函数引入经典的疾病传播模型 SIR 模型中，得到了变参数的谣言传播模型。本书通过仿真分析研究了事件的清晰速度对谣言传播的影响，得出事件如果很快就变清晰了，谣言传播的影响力很小；相反，如果事件很久都没有变清晰，谣言的影响力就很大。同时将模型在不同的网络中运行，发现在随机网络中事件的清晰速度对谣言传播的影响更显著。最后，通过搜集"马航 MH370 失联"事件相关谣言的微博数据，确定模型的参数，再运用模型来分析"马航 MH370 失联"事件中的谣言传播现象，说明了模型的有效性；通过模型仿真得出谣言传播规律，分析政府控制谣言的策略，为相关部门提供理论支持和决策依据。

(3) 谣言的传播受到很多因素的影响，已有的关于谣言传播影响因素的研究大多集中在谣言的定性研究中，1953 年 Chorus 提出了一个谣言传播公式，他在 Allport 和 Postman 谣言传播公式的基础上，提出除了考虑重要性和模糊性之外，还要考虑个体在思考过程中的批判意识。由于谣言传播的过程存在于一个复杂的模糊的环境中，所以本书引入模糊数来描述三个因素，建立了含模糊参数的谣言传播模型。其中，定义了传播能力的概念，即传播能力是三个因素——事件的重要性、事件的模糊性和公众的批判意识的函数。为了能量化传播能力，建立了评判三个因素的语言集转化为模糊数的标准，这样决策者只要用语言描述各个因素的程度便可以计算传播能力。应用模型对现实生活中的三种特殊情况进行仿真，分别是事件重要性很低，事件的清晰度很高和公众的批判意识很强这三种情况。仿真的结果表明，无论另外的两个因素怎么变化，在这三种情况下，谣言都不会传播，这和现实是相吻合的。最后，通过在微博上搜集"7·23 甬温线特别重大铁路交通事故"的相关数据验证了模型的有效性。通过模型分析和案例分析，提出了政府相关部门控制谣言传播的建议和策略。

(4) 谣言传播会给个体和社会带来许多危害，作为管理者的政府需要对谣言采取必要的控制手段，通过官方媒体发布信息进行辟谣是政府常用的控制谣言的方式。当官方发布辟谣信息后，传播系统中便有了两种信息：官方信息和谣言。政府能不能有效地辟谣，就要看两类信息在传播过程中是怎样相互影响和竞争的。通过前几章对谣言传播模型和案例的分析，结合官方信息和谣言的特点，得出影响官方信息传播的因素，研究了两类信息同时存在于系统中的传播规律，建立了官方信息和谣言传播的竞争模型，结合模型分析的结果，提出政府应对谣言传播的策略。其中将人群细分为 5 类，分析了影响官方信息传播的两个因素即官方信息发布的频率和官方信息的公信力，建立了反映这两个因素的函数关系式。通过仿真分析了现实生活中的两种情况：第一种，当谣言的吸引力大于官方信息的吸引力的时候，仿真结果是官方信息的发布是不能控制谣言的传播的；第二种是当官方信息的吸引力大于谣言的吸引力的时候，这时官方有可能控制谣言的传播，但是否成功要看参数的大小。同时，得到官方初始发布信息的时间对控制谣言起了很重要的作用，所以政府在应对谣言的时候，反应速度是能否控制谣言的一个重要因素。

7.2　主要创新

　　谣言传播在社会学方面比如心理学、新闻学和传播学领域的研究开始得较早，这些研究大都是定性研究，通过研究者的认知分析谣言传播的特征，并在此基础上提出了一些应对谣言的策略。近几年来，关于谣言传播的定量研究开始渐渐地受到研究者们的重视，对谣言传播的定量研究一般是通过建立数学模型对谣言传播进行理论分析和仿真分析。然而目前关于谣言的定量研究和定性研究基本上是相互独立的，在社会学里关于谣言传播的一些经典的研究成果并没有在谣言传播的定量研究中所提到。谣言传播既是一个复杂的社会科学问题，也是一个关于传播动力学的自然科学问题，因此，两个领域的研究成果应该要整合在一起，互为所用。本书结合社会学上谣言传播研究的成果，采用数学模型来研究谣言的传播与扩散问题、谣言传播的特点，从个体的认知、引发谣言事件的特征、官方对谣言传播的影响等方面，系统地研究谣言传播的规律、官方信息和谣言传播的相互作用关系，从而为管理部门提供预警和分析，为有效地控制谣言传播提供决策理论支撑。本书的创新点主要有以下几个方面。

　　(1)考虑个体的认知心理因素和引发谣言的事件的性质。在个体认知心理因素方面，本书分别考虑了记忆心理学特征和公众的批判意识；构建了反映记忆的累积效应的函数，建立了考虑记忆累积效应的变参数谣言传播模型。大多数有关记忆的模型即为所建模型的一种特殊情况。此模型更能反映记忆的规律，更加符合现实情况。其中，多因素影响谣言传播模型考虑了公众的批判意识，并引入模糊数来描述公众批判意识水平。现有的谣言传播模型基本没有从引发谣言的事件本身的性质出发分析谣言传播的规律，本书结合在社会学方面的研究结果，对事件的性质，即事件的重要性和事件的模糊性进行分析。对于事件的重要性，通过模糊数来描述重要程度，结合其他因素一起，分析对谣言传播的影响。对于事件的模糊性，根据现实生活中事件的模糊性随时变化的特点，建立了事件的模糊程度关于时间的函数。在经典的疾病传播模型的基础上，引入了反映事件模糊性的函数，建立了反映事件模糊性和事件清晰速度的变参数谣言传播模型。通过仿真探讨了事件的清晰速度对谣言传播的影响，将模型应用到"马航 MH370 失联"事件中，验证了模型的有效性。

　　(2)将模糊数引入谣言传播模型，建立谣言传播的多因素模型。影响谣言传播的因素有很多，结合心理学家对谣言传播的研究，影响谣言产生和传播的因素主要为事件的重要性、事件的模糊性和公众的批判意识。由于谣言传播过程的复杂性和模糊性，这些因素的具体值很难给出，因此引入模糊数来刻画各因素的程度。为了表示三个因素合力对谣言传播的影响，定义了谣言传播能力，由此建立了带模糊参数的谣言传播模型；并将模型应用到"7·23 甬温线特别重大铁路交通事故"事件中证明了模型的有效性。目前，大多数谣言传播模型都是从谣言的某一个的特性出发建立的，但是谣言的产生和传播并不是由一个因素所影响的，所以模型不具备全面性。本书所建立的多因素影响谣言传播模型结合了社会学上的研究成果，综合了多方面的因素对谣言传播的影响。

(3)研究了人群中官方信息和谣言的竞争传播问题，通过仿真分析和案例分析提出谣言传播的应对策略。利用第 3、4、5 章中的模型仿真分析和案例分析的结论，本书总结了影响官方信息传播的两个因素，即官方信息发布的频率和官方信息的公信力，结合官方信息和谣言传播的特点，提出了官方信息和谣言传播的竞争模型；模型分别对现实生活中的辟谣的两种类型进行分析，推导出政府成功应对谣言，即辟谣成功的参数条件。同时在仿真分析中，探讨了官方信息发布的时间对控制谣言传播所起的关键作用。模型仿真结果显示可以通过调整参数来控制谣言，这为官方辟谣提供了有力的工具，并且通过分析结果提出控制谣言传播建议与策略。

综上所述，本书将谣言传播的定量研究和定性研究相结合，在定量研究中考虑了定性研究的成果，考虑了谣言传播中事件的特性、个体心理特征和官方辟谣等关键问题，并且证明了研究的合理性和有效性。同时考虑了谣言传播过程中各因素的动态性和模糊性，更具有现实意义。书中提出的谣言传播模型与策略对于政府控制谣言有着一定的指导意义。

7.3　后　续　研　究

目前关于谣言传播方面的研究正处于发展期，虽然在谣言传播的规律和辟谣策略方面形成了一些有价值的成果，但是还有许多相关问题需要进行深入的研究和完善。通过研究工作的总结，后续的研究工作可以从以下几个方面做进一步的探索和完善。

(1)人工网络和庞大的真实社交网络是有差距的。网络的拓扑结构对谣言传播有很大的影响。可以考虑选择某个具体的传播网络，比如新浪微博、微信等，对其拓扑结构进行研究，考察某一谣言在网络中的传播轨迹，其被转载评论的次数，以此分析谣言在具体实际网络中的传播规律。

(2)目前，谣言传播模型的研究大多是通过模拟仿真进行分析，虽然本书通过实证分析方法对谣言传播过程进行分析，但是对收集数据通过关键词对谣言的微博数据进行分类筛选，针对大数据的搜集采用人工判断的方法显然是不科学的。如果要做得参数更严谨，应对微博进行语义语气识别，进一步判断该条微博是不是谣言。通过实证分析可以进一步了解谣言的特点，实证分析是谣言传播的一个研究方向。

参 考 文 献

巢乃鹏, 黄娴, 2004. 网络传播中的"谣言"现象研究. 情报理论与实践, 27(6): 586-590.

陈长坤, 李智, 孙云凤, 2008. 基于复杂网络的灾害信息传播特征研究. 灾害学, 23(4): 126-129.

顾亦然, 夏玲玲, 2012. 在线社交网络中的谣言传播与抑制. 物理学报, 61(23): 238701.

胡启洲, 张卫华, 2010. 区间数理论的研究及其应用. 北京: 科学出版社: 18-20.

胡钰, 2001. 新闻与舆论. 北京: 中国广播电视出版社: 127-128.

贾国飚, 2009. 当前形势下网络流言控制的策略. 新闻界, (1): 55-56+78.

姜景, 李丁, 刘怡君, 2015. 基于竞争模型的微博谣言信息与辟谣信息传播机理研究. 数学的实践与认识, 45(1): 182-190.

李若建, 2011. 虚实之间——20 世纪 50 年代中国大陆谣言研究. 北京: 社会科学文献出版社: 1-3

刘常昱, 胡晓峰, 司光亚, 等, 2007. 舆论涌现模型研究. 复杂系统与复杂科学, 4(1): 4-27.

刘建明, 2001. 舆论传播. 北京: 清华大学出版社.

刘咏梅, 彭琳, 赵振军, 2013. 基于 lotka－volterra 的微博谣言事件演进分析. 情报杂志, 32(11): 110-116.

潘灶峰, 汪小帆, 李翔, 2006. 可变聚类系数无标度网络上的谣言传播仿真研究. 系统仿真学报, 18(8): 2346-2348.

钱颖, 汪守金, 金晓玲, 等, 2012. 基于用户年龄的微博信息分享行为研究. 情报杂志, 31(11): 14-18.

邵成刚, 2003. 胆小的传谣人传播谣言的 Potts 模型. 武汉: 华中科技大学.

汪小帆, 李翔, 陈关荣, 2006. 复杂网络理论及其应用用. 北京: 清华大学出版社: 95-100.

王灿发, 骆雅心, 2012. 重大突发危机事件微博辟谣并谣言控制机制研究. 中国记者, 5: 31-32.

王佳佳, 2014. 谣言传播机理与免疫策略研究. 上海: 上海大学.

王理, 2014. 突发公共事件中的网络谣言传播研究. 上海: 上海交通大学.

吴闻莺, 2013. 事件重要性、信息不确定性和辟谣机制——谣言诱发的微博微观与治理策略分析. 社会科学家, 7: 42-45.

熊熙, 胡勇, 2012. 基于社交网络的观点传播动力学研究. 物理学报, 61(15): 150509.

张发, 李璐, 宣惠玉, 2011. 传染病传播模型综述. 系统工程理论与实践, 31(9): 1736-1744.

张芳, 司光亚, 罗批, 2011. 一个基于沟通函数的谣言传播仿真模型. 系统仿真学报, 23(11): 2482-2486.

张江南, 徐桃, 刘刚, 2011. 传播社会学视角下谣言传播路径与公共权力的彰显. 社会科学究, 12: 110-111.

张小燕, 2011. "谣盐"的背后: 微博力与传统媒体公信力的博弈. 传媒, 8: 51-52.

张彦超, 刘云, 张海峰, 等, 2011. 基于仓室模型的危机蔓延建模与演化分析线网络的信息传播模型. 物理学报, 60(5): 050501.

周裕琼, 2012. 当代中国社会的网络谣言研究. 北京: 商务印书馆.

周裕琼. 2010. QQ 群聊会让人更相信谣言吗?——关于四则奥运谣言的控制实验[J]. 新闻与传播研究, (2): 77-88+112.

Abbey H, 1952. An examination of the reed-frost theory of epidemics. Human Biology, 24(3): 201-233.

Allport G W, Postman L, 1947. An analysis of rumor. Public Opinion Quarterly, 10(4): 501-507.

Anderson R M, May R M, 1978. Regulation and stability of host-parasite population interactions: I. regulatory processes. Journal of Animal Ecology, 219-247.

Anthony S, 1973. Anxiety and rumor. Journal of Social Psychology, 89(1): 91-98.

Araz O M, Fowler J W, Lant T W, Jehn M, 2009. A pandemic influenza simulation model for preparedness planning. Proceedings of the 2009 Winter Simulation Conference, 1986-1995.

Bame N, Bowong S, Mbang J, et al., 2008. Global stability analysis for seis models with latent classes. Math Biosci Eng, 5(1): 20-33.

Bansal S, Grenfell B T, Meyers L A, 2007. When individual behaviour matters: Homoge-neous and network models in epidemiology. Journal of the Royal Society Interface, 4(16): 879-891.

Barabasi A L, Albert R, 1999. Emergence of scaling in random networks. Science, 286(5439): 509-512.

Barros L C, Bassanezi R C, Tonelli P A, 2000. Fuzzy modeling in population dynamics. Ecol. Model, 128(1): 27-33.

Barros L D, Leite M F, Bassanezi R, 2003. The si epidemiological models with a fuzzy transmission parameter. Comput. Math. Appl, 45: 1619-1628.

Barros L, Oliveira R, Leite M,Bassanezi R, 2014. Epidemiological models of di- rectly transmitted diseases: An approach via fuzzy sets theory. International Journal of Uncertainty Fuzziness and Knowledge-Based Systems, 22(5): 769-781.

Bassanezi R, De Barros L, 1995. A simple model of life expectancy with subjective parameters. Kybernetes, 24: 57-62.

Belen S, Kaya C Y, Pearce C E M, 2005. Impulsive control of rumours with two broadcasts. The ANZIAM Journal, 46: 379-391.

Belen S, Pearce C E M, 2004. Rumours with general initial conditions. The ANZIAM Journal, 45: 393-400.

Berenbrink P, Elsasser R, Sauerwald T, 2015. Communication complexity of quasir- andom rumor spreading. Algorithmica, 72(2): 467-492.

Bordia P, 1996. Studying verbal interaction on the internet: the case of rumor trans- mission research. Behavior Research Methods, Instruments and Computers, 28(2): 149-151.

Bordia P, DiFonzo N, 2002. When social psychology became less social: Prasad and the history of rumor research. Asian Journal of Social Psychology, 5(1): 49-61.

Bordia P, Difonzo N, 2004. Problem solving in social interactions on the internet: Rumor as social cognition. Social Psychology Quarterly, 67(1): 33-49.

Bordia P, Difonzo N, Haines R, Chaseling E, 2005. Rumors denials as persuasive messages: Effects of personal relevance, source, and message characteristics.Journal of Applied Social Psychology, 35(6): 1301-1331.

Bordia P, DiFonzo N, Schulz C A, 2000. Source characteristics in denying rumors of organizational closure: Honesty is the best policy. Journal of Applied Social Psychology, 30(11): 2309-2321.

Bordia P, Irmer B, DiFonzo N, Gallois C, 2003. Attributional analysis of rumour denials. Australian Journal of Psychology, 55: 34-34.

Bordia P, Kiazad K, Restubog S L D, et al., 2014. Rumor as revenge in the workplace. Group & Organization Management, 39(4): 363-388.

Bordia P, Rosnow R L, 1998. Rumor rest stops on the information highway transmission patterns in a computer-mediated rumor chain. Human Commu- nication Research, 25(2): 163-179.

Brooks B P, DiFonzo N, Ross D S, 2013. The gbn-dialogue model of outgroup-negative rumor transmission: Group membership, belief, and novelty. Nonlin- ear Dynamics Psychology and Life Sciences, 17(2): 269-293.

Chorus A, 1953. The basic law of rumor. The Journal of Abnormal and Social Psychology, 48: 313-314.

Cimini G, Medo M, Zhou T, et al., 2011. Heterogeneity, quality, and reputation in an adaptive recommendation model. The European Physical Journal B, 80: 201.

Clauset A, Shalizi C R, Newman M E, 2009. Power-law distributions in empirical data. SIAM Review, 51(4): 661-703.

Cohen R, Havlin S, Ben-Avraham D, 2003. Efficient immunization strategies for computer networks and populations. Physical

Review Letters, 91: 247901.

Collins H M, 2001. Tacit knowledge, trust and the q of sapphire. Social Studies of Science, 31(1): 71-85.

Csányi G, Szendroi B, 2004. Structure of a large social network. Physical Review E, 69: 036131

Daley D J, Kendal D G, 1964. Epidemics and rumours. Nature, 204(1118): 204.

Daley D J, Kendal D G, 1965. Stochastic rumours. IAM Journal of Applied Mathematics, 1(1): 42-55.

Deuze M, Dimoudi C, 2002. 0nline journalists in the netherlands. Journalism, 3(1): 85-100.

Dickinson R E, Pearce C E M, 2003. Rumours, epidemics, and processes of mass action: synthesis and analysis. Mathematical and Computer Modeling, 38: 1157-1167.

DiFonzo N, Bordia P, 1997. Rumor and prediction: making sense (but losing dollars) in the stock market. Organizational Behavior and Human Decision Processes, 71(3): 329-353.

DiFonzo N, Bordia P, 2002. Corporate rumor activity, belief and accuracy. Public Relations Review, 28(1): 1-9.

DiFonzo N, Bordia P, 2002. Rumors and stable-cause attribution in prediction and behavior. Organizational Behavior and Human Decision Processes, 88: 785-800.

Difonzo N, Bordia P, 2006. Rumor psychology: social and organizational approaches. New York: American Psychological Association.

Difonzo N, Bordia P, Rosnow R L, 1994. Reining in rumors. Organizational Dynamics, 23(1): 47-62.

DiFonzo N, Bourgeois M J, Suls J, et al., 2013. Rumor clustering, consensus, and polarization: Dynamic social impact and self-organization of hearsay. Journal of Experimental Social Psychology, 49(3): 378-399.

Dodds P S, Watts D J, 2004. Universal behavior in a generalized model of contagion. Physical Review Letters, 92(21): 218701.

Doerr B, Fouz M, Friedrich T, 2012. Experimental analysis of rumor spreading in social networks. Design and analysis of algorithms, 7659: 159-173.

Doerr B, Friedrich T, Sauerwald T, 2009. K'Quasirandom Rumor Spreading: Expanders, Push vs. Pull, and Robustness. Berlin: Springer-Verlag.

Doerr B, Friedrich T, Sauerwald T, 2010. Quasirandom Rumor Spreading. Journal of Experimental Algorithmics, 11(2): 9.

Einwiller S A, Kamins M A, 2008. Rumor has it: the moderating effect to iidentification on rumor impct and the effectiveness of rumor refutation. Journal of Applied Social Psychology, 38(9): 2248-2272.

Erdös P, Rényi A, 1959. On random graphs. Publicationes Mathematicae Debrecen, 6: 290-297.

Feng X M, Teng Z D, Zhang F Q, 2015. Global dynamics of a general class of multi-group epidemic models with latency and relapse. Mathematical Bio- sciences and Engineering, 12(1): 99-115.

Fine G A, Brunvand J H, 1982. The Vanishing Hitchhiker: American Urban Legends & Their Meanings. Toronto: W.W. Norton & Company, 41(2): 156.

Fu X C, Small M, Walker D M, et al., 2008. Epidemic dynamics on scale- free networks with piecewise linear infectivity and immunization. Physical Review E, 77: 036113.

Funk S, Erez G, Chris W, et al., 2009. The spread of awareness and its impact on epidemic outbreaks. PNAS, 109(16): 6872-6877.

Funk S, Salathe M, Jansen V A A, 2010. Modelling the influence of human behaviour on the spread of infectious diseases: a review. Journal of the Royal Society Interface, 11(1): 1257-1274.

Galam S, 2003. Modeling rumors: the no plane pentagon french hoax case. Physica A, 320: 571-580.

Gani J, Purdue P, 1984. Matrix-geometric methods for the general stochastic epidemic. Mathematical Medicine and Biology, 1(4):

333-342.

Gani J, Purdue P, 2000. The maki-thompson rumour model: a detailed analysis. Environmental Modelling and Software, 15(8): 721-725.

Garrett R K, 2011. Troubling consequences of online political rumoring. Human Communication Research, 37(2): 55-74.

Gillmor D, 2003. Moving towards participatory journalism. Nieman Reports, 3: 477-500.

Goffman W, Newill V A, 1964. Generalization of epidemic theory. Nature, 204: 225-228.

Gorbatov D S, 2008. Psychological regularities of changing the content of rumors. Voprosy Psikholog II, (2): 94-100.

Gorbatov D S, 2011. Rumor transformation phenomenon in micro-groups. Voprosy Psikholog II, (5): 54-61.

Gorbatov D S, 2012. Veracity of rumors as a subject of psychological study. Voprosy Psikholog II, (3): 51-62.

Grassly N C, Fraser C, 2008. Mathematical models of infectious disease transmission. Nature, 6(6): 477-487.

Gu J, Li W, Cai X, 2008. The effect of the forget-remember mechanism on spreading. The European Physical Journal B, 62(2): 247-255.

Han S, Zhuanga F Z, He Q, et al., 2014. Energy model for rumor propagation on social networks. Physica A: Statistical Mechanics and its Ap- plications, 394(15): 99-109.

Hethcote H W, 2000. The mathematics of infectious diseases. SIAM Review, 42(4): 599-653.

Hethcote H W, Driessche P V D, 1991. Some epidemiological models with nonlinear incidence. Journal of Mathematical Biology, 29(3): 271-287.

Hu Z Y, Teng Z D, Jiang H J, 2012. Stability analysis in a class of discrete sirs epidemic models. Nonlinear Analysis-Real World Applications, 13(5): 2017-2033.

Huang J Y, Jin X G, 2011. Preventing rumor spreading on small-world networks. Journal of Systems Science and Complexity, 24: 449-456.

Huo H R, Ma Z R, 2010. Dynamics of a delayed epidemic model with nonmonotonic incidence rate. Communications in Nonlinear Science and Numeri- cal Simulation, 15(2): 459-468.

Huo L A, Huang P Q, Fang X, 2011. An interplay model for authorities actions and rumor spreading in emergency event. Physica A: Statistical Mechanics and its Applications, 390(20): 3267-3274.

Huo L A, Huang P Q, Guo C X, 2012. Analyzing the dynamics of a rumor transmission model with incubation. Discrete Dynamics in Nature and Society: 328151.

Huo L A, Lan J B, Wang Z X, 2011. New parametric prioritization methods for an analytical hierarchy process based on a pairwise comparison matrix. Math- ematical and Computer Modelling, 54(11): 2736-2749.

Isham V, Harden S, Nekovee M, 2010. Stochastic epidemics and rumours on finite random networks. Physica A: Statistical Mechanics and its Applications, 389(3): 561-576.

Jacquez J A, Simon C R, Koopman J S, 1991. The reproduction number in deterministic models of contagious diseases. Comments Theor. Bio, 2: 159-209.

Jaeger M E, Anthony S, Rosnow R L, 1980. Who hears what from whom and with what effect: a study of rumor. Personality and Social Psychology Bulletin, 6(3): 473-478.

Janssen M, Lee J, Bharosa N, et al., 2010. Advances in multi-agency disaster management: Key elements in disaster research. Information Systems Frontiers, 12(1): 1-7.

Jiang X M, 2009. On the openness of governmental information on emergency control in china. Journal of Northeastern University,

11(1): 56-60.

Jouini M N, Clemen R T, 1996. Copula models for aggregating expert opinions. Operational Research, 44: 444-457.

Katz E, Shibutani T, 1969. Improvised News: A Sociological Study of Rumor. American Sociological Review, 34(5): 781.

Kawachi K, 2008. Deterministic models for rumor transmission. Real World Applications, 9(5): 1989-2028.

Kawachi K, Seki M, Yoshida H, Otake Y, et al., 2008. A rumor transmission model with various contact interactions. Journal of Theoretical Biology, 253(1): 55-60.

Kenneth C, Yang C, 2007. Factors influencing internet users' perceived credibility of news related blogs in taiwan. Telematics and Informatics, 24(2): 69-85.

Kermack W O, McKendrick, 1927. A contribution to the mathematical theory of epidemics. In Proceedings of the Royal Society of London (Series A), London: The Royal Society, 115(772): 700-721.

Kermack W O, McKendrick A G, 1932. Conrtibutions to the mahtematical theory of epidemics part ii. In Proceedings of the Royal Society of London (Series A), 138: 55-83.

Kesten H, Sidoravicius V, 2005. The spreading of a rumor or infection in a moving population. Annals of Probability, 33(6): 2402-2462.

Kimmel A J, 2004. Rumors and the financial marketplace. Journal of Behavioral Finance, 5(3): 134-141.

Knapp R, 1944. A psychology of rumor. Public Opinion Quarterly, 8(1): 22-37.

Korobeinikov A, Maini P K, 2004. A lyapunov function and global properties for sir and seir epidemiological models with nonlinear incidence. Math. Biosci. Eng, 1: 57-60.

Korobeinikov A, Maini P K, 2005. Non-linear incidence and stability of infectious disease models. Mathematical Medicine and Biology, 22(2): 113-128.

Kosfeld M, 2005. Rumours and markets. Journal of Mathematical Economics, 41: 646-664.

Kroeger K A, 2003. Aids rumors, imaginary enemies, and the body politic in indonesia. Ameriean Ethnologist, 30(2): 243-257.

Kwok K O, Leung G M, Lam W Y, Riley S, 2007. Using models to identify routes of nosocomial infection: a large hospital outbreak of sars in hong kong. Proc. Biol. Sci, 274(1610): 611-618.

Lee E K, Maheshwary S, Mason J, et al., 2006. Large-scale dispensing for emergen- cy response to bioterrorism and infectious-disease outbreak. Interfaces, 36(6): 591-607.

Li G H, Jin Z, 2005. Global stability of a seir epidemic model with infectious force in latent, infected and immune period. Chaos Solitons & Fractals, 25(5): 1177-1184.

Li Y, lgnatius T S, Xu P, et al., 2004. Predicting super spreading events during the 2003 severe acute respiratory syndrome epidemics in hong kong and singapore.American Journal of Epidemiology, 160(8): 719-728.

Li Z M, Teng Z D, Feng X M, et al., 2015. Dynamical analysis of an seit epidemic model with application to ebola virus transmission in guinea.Computational And Mathematical Methods In Medicine, 2015: 582625.

Li Z X, Chen L S, 2010. Dynamical behaviors of a trimolecular response model with impulsive input. Nonlinear Dynamics, 62(1): 167-176.

Li Z X, Gupur G, Zhu G T, 2002. Existence and uniqueness of endemic states for the age-structured mseir epidemic model. Acta Mathematicae Applicatae Sinica, 18(3): 441-454.

Liu C, Zhang Z K, 2014. Information spreading on dynamic social networks. Communications in Nonlinear Science and Numerical Simulation, 19(4): 896-904.

Liu J Z, Wu J S, Yang Z R, 2004. The spread of infectious disease on complex networks with household-structure. Physica A, 341: 273-280.

Liu L L, Wang J L, Liu X N, 2015. Global stability of an seir epidemic model with age-dependent latency and relapse. Nonlinear Analysis: Real World Applications, 24: 18-35.

Liu M X, Jin Z, 2008. The analysis of an hivaids model with vaccination. Rocky Mountain Journal of Mathematics, 38(5): 1561-1572.

Liu W M, Levin S A, Iwasa Y, 1986. Influence of nonlinear incidence rates upon the behavior of sirs epidemiological models. Journal of Mathematical Biology, 23(2): 187-204.

Liu W, Hethcote H W, Levin S A, 1987. Dynamical behavior of epidemiological models with nonlinear incidence rates. Journal of Mathematical Biology, 25(4): 359-380.

Liu Z H, Lai Y C, Ye N, 2003. Propagation and immunization of infection on general networks with both homogeneous and heterogeneous components. Physical Review E, 67: 031911.

Liu Z H, Wu X Y, Hui P M, 2009. An alternative approach to characterize the topology of complex networks and its application in epidemic spreading. Front Computer Science of China, 3(3): 324-334.

Lotka A J, 1926 . Elements of physical biology. American Journal of Public Health, 21(82): 341-343.

Luis M A, Ariel C A, David I K, et al., 2006. The power of a good idea: Quantitative modeling of the spread of ideas from epidemiological models. Physica A: Statistical Mechanics and its Applications, 364: 513-536.

LüL Y, Chen D B, Zhou T, 2011. The small world yields the most effective information spreading. New Journal of Physics, 13: 123005.

LüL Y, Zhou T, 2010. Link prediction in weighted networks: The role of weak ties. Eur. Phys. Lett, 89(1): 18001.

Madar N, Kalisky T, Cohen R, et al., 2004. Immunization and epidemic dynamics in complex networks. European Physical Journal B, 38: 269-276.

Maia C, Oliveira J D, 1952. Some mathematical developments on the epidemic theory formulated by reed and frost. Human Biology, 24(2): 167-200.

Majchrzak A, Jarvenpaa S L, Hollingshead A B, 2007. Coordinating expertise among emergent groups responding to disasters. Organization Science, 18(1): 147-161.

Maki D, Thomson M, 1973. Mathematical Models and Applications. New Jersey: Prentice-Hall, Englewood Cliff.

Michael Y L, John R G, Wang L C, et al., 1999. Global dynamics of a seir model with varying total population size. Mathematical Biosciences, 160: 191- 213.

Miritello G, Moro E, Lara R, 2011. Dynamical strength of social ties in information spreading. Physical Review E, 83: 045102.

Mishra B K, Pandey S K, 2010. Fuzzy epidemic model for the transmission of worms in computer network. Nonlinear Analysis: Real World Applications, 11(5): 4335-4341.

Misra A K, Sharma A, Shukla J B, 2011. Modeling and analysis of effects of awareness programs by media on the spread of infectious diseases. Mathematical and Computer Modeling, 53(5): 1221-1228.

Mkhatshwa T, Mummert A, 2011. Modeling super-spreading events for infectious disease: case study sars. IAENG International Journal of Applied Mathematics, 41(2): 82.

Mondal P K, Jana S, Haldar P, et al., 2015. Dynamical behavior of an epidemic model in a fuzzy transmission. International Journal of Uncertainty Fuzziness and Knowledge-Based Systems, 23(5): 651-665.

Moreira H N, Wang Y Q, 1997. Global stability in an sir model. SIAM Review, 39(3): 496-502.

Moreno Y, Nekovee M, Pacheco A F, 2004. Dynamics of rumor spreading in complex networks. Physical Review E, 69(6): 066130.

Muroya Y, Enatsu Y, Nakata Y, 2011. Global stability of a delayed sirs epidemic model with a non-monotonic incidence rate. Journal of Mathematical Analysis and Applications, 377(1): 1-14.

Murray J D, 1980. Mathematical Modeling in Epidemiology. Berlin: Springer.

Nekovee M, Moreno Y, Bianconi G, Marsili M, 2007. Theory of rumour spreading in complex social networks. Physica A: Statistical Mechanics and its Applications, 374(1): 457-470.

Newman M E J, Forrest S, Balthrop J, 2002. Email networks and the spread of computer viruses. Physical Review E, 66: 035101.

Nie L F, Teng Z D, Torres A, 2012. Dynamic analysis of an sir epidemic model with state dependent pulse vaccination. Nonlinear Analysis-Real World Applications, 13(4): 1621-1629.

Nikravesh M, Zadeh L A, Korotkikh V, 2004. Fuzzy partial differential equations and relational equations, vol. 142. Berlin: Springer.

Oh O, Agrawal M, Rao H R, 2013. Community intelligence and social media ser- vice: A rumor theoretic analysis of tweets during social crises. MIS Quarterly, 37(2): 407-426.

Ohkusa Y, Taniquchi K, Okubo I, 2005. Prediction of smallpox outbreak and evalu-ation of control-measure policy in japan, using a mathematical model. Journal of infection and chemotherapy, 11(2): 71-80.

Ortega N R S, Sallum P C, Massad E, 2000. Fuzzy dynamical systems in epidemic modelling. Kybernetes, 29: 201-218.

Ortega N R S, Santos F S, Zanetta D M T, et al., 2008. A fuzzy reed-frost model for epidemic spreading. Bulletin Of Mathematical Biology, 70(7): 1925-1936.

Panagiotou K, Perez-Gimenez X, Sauerwald T, et al., 2015. Randomized rumour spreading: The effect of the network topology. Combinatorics Probability &Computing, 24(2): 457-479.

Pang G P, Chen L S, 2008. Dynamic analysis of a pest-epidemic model with impulsive control. Mathematics and Computers in Simulation, 79(1): 72-84.

Pearce C E M, 2000. The exact solution of the general stochastic rumour. Mathe- matical and Computer Modelling, 31(10): 289-298.

Pearson D W, 1997. A property of linear fuzzy differential equations. Appl. Math. Lett, 10(3): 99-103.

Pendleton S C, 1998. Rumor research revisited and expanded. Language & Com munication, 18(1): 69-86.

Peterson W, Gist N, 1951. Rumor and public opinion. American Journal of Sociology, 57(2): 159-167.

Pittel B, 1990. On a daley-kendall model of random rumours. Journal of Applied Probability, 27(1): 14-27.

Rapoport A, 1953. Spread of information through a population with socio-structural bias: I. assumption of transitivity. Bulletin of Mathematical Biology, 15(4): 523-533.

Rapoport A, Rebhun L, 1952. On the mathematical theory of rumor spread. Bulletin of Mathematical Biology, 14(4): 375-383.

Ronald E G, Robert E Y, 1997a. Analysis of the error in the standard approximation used gor multiplication of triangular and trapezoidal fuzzy numbers and the development of a new approximation. Fuzzy Sets and Systems, 91(1): 1-13.

Ronald E G, Robert E Y, 1997b. A parametric representation of fuzzy numbers and their airthmetic operators. Fuzzy Sets and Systems, 91(2): 185-202.

Rosnow R L, 1974. On rumor. Journal of Communication, 24(3): 26-38.

Rosnow R L, 1980. Psychology of rumor reconsidered. Psychological Bulletin, 87(3): 578-591.

Rosnow R L, 1988. Rumor as communication: A contextualist approach. Journal of Communication, 38(1): 12-28.

Rosnow R L, 1991. Inside rumor-a personal journey. American Psychologist, 46(5): 484-496.

Ruan S, Wang W, 2003. Dynamical behavior of an epidemic model with a nonlinear incidence rate. Journal of Differential Equations, 188 (1): 135-163.

Runyan R C, 2006. Small business in the face of crisis: identifying barriers to recovery from a natural disaster. Journal of Contingencies and Crisis Management, 14 (1): 12-26.

Safi M A, Gumel A B, E. H. Elbasha, 2013. Qualitative analysis of an age- structured seir epidemic model with treatment. Applied Mathematics and Computation, 219 (22): 10627-10642.

Satorras R P, Vespignani A, 2001. Immunization of complex networks. Physical Review E, 65: 036134.

Satorras R P, Vespignani A, 2002. Epidemic dynamics in finite size scale-free networks. Physical Review E, 65: 035108.

Savelsberg P F, Ndonko F T, Ehry B S, 2000. Sterilizing vaeeines or the polities of the womb: retrospective study of a rumor in cameroon. Medical Anthropology Quarterly, 14 (2): 159-179.

Schachter S, Burdick H, 1955. A field experiment on rumor transmission and distortion. The Journal of Abnormal and Social Psychology, 50 (3): 363-371.

Seikkala S, 1987. On the fuzzy initial value problem. Fuzzy Sets Syst, 24: 319-330.

Silva S L, Ferreira J A, Martins M L, 2007. Epidemic spreading in a scale-free network of regular lattices. Physica A: Statistical Mechanics and its Applications, 377 (2): 689-697.

Singh A, 2013. Nonlinear spread of rumor and inoculation strategies in the nodes with degree dependent tie strength in complex networks. ActaPhysica Polonica B, 44: 5-28.

Slater M D, Rasinski K A, 2005. Media exposure and attention as mediating variables influencing social risk judgments. Journal of Communication, 55 (4): 810-827.

Smith R D, 2002. Instant messaging as a scale-free network. arXiv preprint cond- mat/0206378.

Sudbury A, 1985. The proportion of the population never hearing a rumour. Journal of Applied Probability, 22 (2): 443-446.

Sun L, Liu Y, Zeng Q A, et al., 2015. A novel rumor diffusion model considering the effect of truth in online social media. International Journal Of Modern Physics C, 26: 15500807.

Sunita G, Kuldeep N, 2008. Pulse vaccination in sirs epidemic model with non- monotonic incidence rate. Chaos Solitons & Fractals, 35 (3): 626-638.

Tai Z X, Sun T, 2011. The rumouring of sars during the 2003 epidemic in china. Sociology of Health & Illness, 33 (5): 677-693

Tasi W, Ghoshal S, 1998. Social capital and value creation: the role of intrafirm networks. The Academy of Management Journal, 41 (4): 464-476.

Thomas H, 2011. Modelling behavioural contagion. Journal of the Royal Society Interface, 8 (59): 909-912.

Thompson K, Estrada R, Daugherty D, et al., 2003. A deterministic approach to the spread of rumors. Cornell University, Department of Biological Statistics and Computational Biolology, Technical Report BU-1642-M, 1-29.

Tian R Y, Zhang X F, Liu Y J, 2015. Ssic model: A multi-layer model for intervention of online rumors spreading. Physica A: Statistical Mechanics and its Applications, 427: 181-191.

Trpevski D, Tang W K S, Kocarev L, 2010. Model for rumor spreading over networks. Physical Review E, 81: 056102.

Volterra V. 1928.Variations and fluctuations of the number of individuals in animal species living together. Animal Ecology Mcgrawhill, 3 (1): 3-51.

Walker C J, Beckerle C A, 1987. The effect of anxiety on rumor transmission. Journal of Social Behavior and Personality, 2: 353-360.

Wang C J, Chen L S, 2008 . A delayed epidemic model with pulse vaccination. Discrete Dynamics in Nature and Society, 2008: 1-12.

Wang F, Moreno Y, Sun Y R, 2006. Structure of peer-to-peer social networks. Physical Review E, 73: 036123.

Wang J J, Zhao L J, Huang R B, 2014. 2si2r rumor spreading model in homogeneous networks. Physica A, 413 (11): 153-161.

Wang Y, Zeng D, Cao Z, et al., 2011. The impact of community structure of social contact network on epidemic outbreak and effectiveness of non-pharmaceutical interventions. Pacific Asia Workshop on Intelligence and Security Informatics, 108-120.

Watts D J, Strogatz S H, 1998. Collective dynamics of small world networks. Nature, 393 (6684): 440-442.

Weinberg S B, Regan E A, Weiman L, et al., 1980. Anatomy of a rumor: A field study of rumor dissemination in a university setting. Journal of Applied Communication Research, 8 (1): 56-60.

Wu F, Huberman B A, 2007. Novelty and collective attention. Proceedings of the National Academy of Sciences, 104 (45): 17599-17601.

Wybo J L, Latiers M, 2006. Exploring complex emergency situations' dynamic: Theoretical, epistemological and methodological proposals[. International Journal of Emergency Management, 3 (1): 40-51.

Xia L L, Jiang G P, Song B, et al., 2015. Rumor spreading model considering hesitating mechanism in complex social networks. Physica A-Statistical Mechanics and Its Applications, 437: 295-303.

Xiao D, Ruan S, 2007. Global analysis of an epidemic model with nonmonotone incidence rate. Mathematical Biosciences, 208 (2): 419-429.

Xu J H, Zhang L, Wu Y, Ma B J, 2016. Impacts of suppressing guide on information spreading. Physica A: Statistical Mechanics and Its Applications, 44: 922-927.

Xu J P, Zhang Y, 2015. Event ambiguity fuels the effective spread of rumors. International Journal of Modern Physics C, 26: 15500333.

Yuan W, Liu Y, 2013. Empirical analysis and evolutionmodeling of network topological structure in microblog. Proceedings of the 5th IEEE International Con- ference on Intelligent Networking and Collaborative Systems. Xi' an: 656.

Zadeh L A, 1999. Fuzzy sets as a basis for a theory of possibility. Fuzzy Sets and Systems, 100: 9-34.

Zanette D H, 2001. Critical behavior of propagation on small-world networks. Physical Review E, 64: 050901.

Zanette D H, 2002. Dynamics of rumor propagation on small-world networks. Physical Review E, 65 (4): 041908.

Zanette D H, Kuperman M, 2002. Effects of immunization in small-world epidemics. Physica A, 309: 445-452.

Zeng G Z, Chen L S, Sun L H, 2005. Complexity of an sir epidemic dynamics model with impulsive vaccination control. Chaos Solitons & Fractals, 26 (2): 495-505.

Zhang H, L. S. Chen, J. J. Nieto, 2008. A delayed epidemic model with stage-structure and pulses for pest management strategy. Nonlinear Analysis-Real World Ap- plications, 9 (4): 1714-1726.

Zhang J Z, Jin Z, Liu Q X, 2008. Analysis of a delayed sir model with nonlinear incidence rate. Discrete Dynamics in Nature and Society: 1-16.

Zhang J, Lou J, Wu J, Ma Z, 2005. A compartmental model for the analysis of sars transmission patterns and outbreak control measures in china. Applied Mathematics and Computation, 162 (2): 909-924.

Zhang N, Huang H, Duarte M, et al., 2016. Risk analysis for rumor propagation in metropolises based on improved 8-state icsar model and dynamic personal activity trajectories. Physica A: Statistical Mechanics and its Applications, 451: 403-419.

Zhang N, Huang H, Su B, et al., 2014. Dynamic 8-state icsar rumor propagation model considering official rumor refutation. Physica A : Statistical Mechanics & Its Applications, 415: 333-346.

Zhang X B, Huo H F, Xiang H, 2013. An sirs epidemic model with pulse vaccination and non-monotonic incidence rate. Nonlinear

Analysis: Hybrid Systems, 8: 13-21.

Zhang Z L, Zhang Z Q, 2009. An interplay model for rumour spreading and emergency development. Physica A: Statistical Mechanics and its Applications, 388 (19) : 4159-4166.

Zhao L J, Cui H X, Qiu X Y, et al., 2013a. Sir rumor spreading model in the new media age. Physica A: Statistical Mechanics and its Applications, 392 (4) : 995-1003.

Zhao L J, Qiu X Y, Wang X L, et al., 2013b. Rumor spreading model considering forgetting and remembering mechanisms in inhomogeneous networks. Physica A: Statistical Mechanics and its Applications, 392 (4) : 987-994.

Zhao L J, Wang J J, Chen Y C, et al., 2012b. Sihr rumor spreading model in social networks. Physica A: Statistical Mechanics and its Applications, 391 (7) : 2444-2453.

Zhao L J, Wang J J, Huang R B, 2015. Immunization against the spread of rumors in homogenous networks. PLOS ONE, 10: e01249785.

Zhao L J, Wang Q, Cheng J J, et al., 2011. Rumor spreading model with consideration of forgetting mechanism: A case of online blogging livejournal. Physica A: Statistical Mechanics and its Applications, 390 (13) : 2619-2625.

Zhao L J, Wang Q, Cheng J J, et al., 2012a. The impact of authorities' media and rumor dissemination on the evolution of emergency. Physica A, 391 (15) : 3978-3987.

Zhao L J, Wang X L, Wang J J, et al., 2014. Rumor-propagation model with consideration of refutation mechanism in homogeneous social networks. Discrete Dynamics in Nature and Society: 659273.

Zhao L J, Xie W L, Gao H O, et al., 2013. A rumor spreading model with variable forgetting rate. Physica A: Statistical Mechanics and its Applications, 392 (23) : 6146-6154.

Zhao L M, Yin J L, Song Y, 2016. An exploration of rumor combating behavior on social media in the context of social crises. Computers in Human Behavior, 58: 25-36.

Zhao Z J, Liu Y M, Wang K X, 2016. An analysis of rumor propagation based on propagation force. Physica A: Statistical Mechanics and its Applications, 443: 263-271.

Zhou D H, Han W B, Wang Y J, Yuan B D, 2015. Information diffusion network inferring and pathway tracking. Science China-Information Sciences, 58: 0921119.

Zhou J, Liu Z H, Li B W, 2007. Influence of network structure on rumor propagation. Physical Letters A, 368 (6) : 458-463.

Zhou Y G, Xiao M D, Li Y L, 2007. Bifurcations of an epidemic model with nonmonotonic incidence rate of saturated mass action. Chaos Solitons & Fractals, 32 (5) : 1903-1915.